JN064987

アラフォー・
アラフィフ専門
婚活カウンセラーが教える
結局、理想を
下げない女が
選ばれる
Those Who
Don't Give Up
Will Find Their
Perfect Mate
伊藤友美
フォレスト出版

はじめに

本音で生きるから理想の人に愛される

はじめまして！　伊藤友美と申します。

5年ほど前から、アラフォー・アラフィフ女性が理想通りの男性と最短最速で結婚する方法をブログやセミナーでお伝えしています。

この本を手に取ってくださったあなたは、もしかしたら婚活に苦戦中で「結婚するためには理想を下げないとダメなんでしょ?」と苦しく悲しい気持ちでいるのかもしれませんね。

実は私も、あなたと同じでした。

今から10年以上前の２０１０年、ネット婚活登録10日で出会った、理想の95％を満たす男性と40歳で結婚しましたが、それまでの9年間は、

「こんなに一生懸命婚活しているのに、なぜ結婚できないの？」
「もう、好きな人さえできなくなった……」

と、どんなに行動をしても結果が出ず、うまくいかない理由もわからずむなしい日々を送り続け、まったく希望がありませんでした。

簡単に私の婚活歴を書きますと、31歳の1年間、結婚相談所に登録。出会いはあるもののピンとこず、お見合い自体が苦痛になり退会。

その後、ネット婚活でも活動、出会いがありお付き合いしても結婚にはいたらず、を繰り返し、35歳になったので、自分を奮い立たせ、再度結婚相談所に登録。

ですがこの1年で、自分の理想を下げて婚活しても、相手を好きになれずに苦しむことを繰り返し、婚活ウツを発症し結婚相談所を退会、婚活自体をやめてしまいました。

しばらくして、少しずつ前向きになってきて心が癒えてきたとき、さまざまな本との出会いがありました。本を読みながら自分を省みると、

- なぜ自分が結婚できなかったのか
- たったひとつの望みである「理想通りの男性に愛されて結婚したい」を叶えられないのか

が、ようやくわかりました。
私のそれまでの婚活は、

- 望んでいるようで、望んでいなかった
- どんな人と出会い結婚したいのか、わかっていなかった
- 出会う行動の前にやる必要があることをしていなかった

というものでした。その上、

- 相手を好きになれない自分を責める
- 選んでもらえない自分を見下す

など、自分を否定し続けていました。

だから婚活が苦しくなり婚活ウツを発症したのです。


「本当は自分はどうしたいんだろう？」

「私が結婚したい相手は、どんな人なのかな？」


これは私自身にしか知ることができません。

あなたにとっての、

「本当は自分はどうしたいんだろう？」

「私が結婚したい相手は、どんな人なのかな？」

これも、あなたにしか知ることはできないのです。

私が私自身の本当の本音をしっかり見て、その本音を叶えてあげようとしたことで、現実がゴゴゴゴ～ッと変わり始めました。

セミナーや講座でお会いする受講生がおっしゃることでいちばん多いのは、

- 結婚したいのかどうかわからない
- 結婚はしたいけど、相手がどんな人がいいのかわからない

など、自分の本音がわからないというパターンです。

まさに私が通ってきた道なので、手に取るようにその悩みの解決方法がわかります。

本をお読みくださるあなたは、これまでの悩みが悩みでなくなるだけでなく、特に推奨する「3つのワーク」をするだけで自分の心からの本音に出会えるので、私が長年経験してきた紆余曲折(うよきょくせつ)をショートカットできます!!（婚期が格段に早まるということ♡）

この本では、過去の私と同じような気持ちでいる方に、もっとラクにカンタンに、サクッと〝理想以上の男性〟と出会って結婚できる方法をお伝えしていきます。

これまで多くのアラフォー・アラフィフ婚活女性を最速で理想通りの男性と結婚するお手伝いをしてきました。

私は40歳で結婚しましたが、51歳で一般の出会いで好きな人ができて結婚した人、47歳でネット婚活で出会った男性とスピード婚した人、45歳で結婚相談所で出会った理想以上の男性と3か月で入籍した人など、受講生たちは、自分の年齢などに躊躇することなく、理想をあきらめることなく〝カンタンに〟結婚相手と出会っています。

あなたが今何歳でも理想通りの男性と結婚できる方法、ぜひご自身に当てはめながらお読みくださるとうれしいです。

アラフォー・アラフィフ専門婚活カウンセラー　伊藤友美

Chapter 1

選ばれたいなら絶対！理想を下げてはいけない

Chapter 2
モテない自分をつくっているのは自分だった

Chapter 3
圧倒的に婚期を早める！秘密のワーク

Chapter 4

真の理想の人は、全部自分に都合がいい

Chapter 5

自分も相手も楽になる 人間関係の成功法則

Chapter 6

「愛し愛される」を叶えるLOVEの法則

Chapter

1

選ばれたいなら
絶対！
理想を下げては
いけない

「この人で手を打ちなさい」無言の圧力から逃げた過去

さて、何歳でも理想通りの男性と結婚する具体的な方法をお伝えする前に、私の長い婚活経験の中でも中度の婚活ウツに陥った経験を書かせてください。

あなたの婚活経験や現状を思い浮かべながら読んでいただくと理解しやすいと思います。


35歳で、人生二度目の結婚相談所にお世話になったときのこと。

実家に帰るたびに両親から遠慮がちに言われた言葉「いい人いないの?」を受けて、再度、結婚相談所での活動を決めました。

36歳までの1年間の活動で10人以上の方とお会いしましたが、31歳で結婚相談所で活動したときと比べ、会いたい人には会えないことを身をもって感じました。

具体的には、

- 自分が会いたいと思って申し込んだ相手（ハイスペックイケメン33歳）からお見合いのOKが出ない
- お見合いのお申し込みは5～10歳以上年上からがほとんど

など（年上好きならウハウハだと思うけど私は同年代がよかった）。

今ならなぜ会いたい人に会えないか明確にわかります。

理由は単純で、どんな人に出会いたいのか？　どんな結婚生活を送りたいのか？を自問することなく、焦りもあったので、申し込みくださった方とやみくもにお見合いしていたから。

そうです、それまでの婚活とまったく同じことをしていただけでした。

でも当時は婚活の方法を知らないから仕方ないと思う（笑）。

しかし当時の私はこうなる理由が「自分の年齢のせい」「自分のスペックが低いせい」

だと思い込んでいました。

それでも活動を続けるうちに、同年代の方からもお見合いの申し込みをいただけたので、積極的にお見合いしました。

出会った男性は、有名企業にお勤めだったり、誠実で優しいなど、ほとんどが素晴らしい男性でした。

まだ、人間的に尊敬できないとか感じが悪いとか、断る理由があればよかったのですが、みなさんとても良い人でしたので、

「こんなにいい人なのになぜ好きになれないのかな？」

と、交際をお断りするたび、自分を責めていました。


今思うと、私が知らないだけで、実はお相手からもお断りされていたケースもあったと思いますが、自分が断ることで、苦しみが増えていきました。

なぜか苦しいのか？　それは「いい人でいたい」という心の底の欲があるからでした。

「いい人でいたいという欲求は、自分かわいさ」ってことです。

自分の経験があるからこそですが、受講生には「いい人をやめよう」とことあるごとに指導します。

今でこそ、断ること＝単なる自分の意思表示であり、それ以上でもそれ以下でもない、と思っているのですが、とはいえ今も、断る際には申し訳ないな〜と思うこともあります。こう思う人、多いと思います。あなたはいかがですか？(笑)

婚活で悩んでいた当時は、断ること＝悪いことだと思い込んでいたし、断ること＝結婚相談所からも悪く思われるのではないか？と恐れていました。

今ならば、そんなことを怖がる必要はないよ、あなたの幸せだけを考えて、と言えるのですが、当時の私にはそれがわかりませんでした。

交際のお断りが続くと、結婚相談所の方からは「彼は条件もいいし外見も悪くないのになぜ断るの？」と言われました。

ついに、恐れていた言葉を言われた……。〝いい人でいたかった〟当時の私にとって、この言葉は本当に苦しかったです。

でも、後述しますが、結果的にはお断りして正解だったのです。

そしてもうひとつ、交際をお断りすることでお相手を傷つけるのではないか？　申し訳ない、という気持ち。

これに関しても、当時は少し大袈裟（おおげさ）に考えていました。

たしかに多少はお相手もショックを受けるかもしれませんが、お付き合いが深まっていない段階ですし、男性は男性でほかにも出会いがありますから、そこまでお相手を心配しなくても大丈夫なんです。男性を弱いものとして見過ぎていたなぁと反省しました。

男性は傷つきやすい方が多いというのも事実ですが、ずるずるとお断りせずにお付き合いを続ける方が、お相手に対して失礼なのです。

なぜなら、おそらく好きになれないのに、何度もお会いして好きになろうと努力することは、相手の大切な時間を奪う行為だからです（そもそもだれかを好きになるって、努力で叶うことではありませんよね）。

大切な時間というのは、私と会っている間に、私よりももっと自分に合う女性と出会うチャンスがあるかもしれない時間のことです。

一生懸命婚活していると知らずに悪気もなく相手の時間やエネルギーを奪ってしまっていること、あると思います。

当時はまったく気づけなかったことですが、私は「自分のことばかり」考えていたんですよね。

「いい人でいたい」（嫌われたくない）

これ、実は〝自分〟のことばかりに考えがいっていて、相手のことを思いやる心の余地がない状態です。

私が中度の婚活ウツに陥ったのは、自分かわいさから本音（理想）を言ったら嫌われると萎縮し、「もしも出会えても、理想の人があなたを好きになるわけない」と突き付けられるのが怖くて、本当の自分を出せずに、自分から湧き出る感情を見ないようにフタをしてきたからです。

思えば本当に、自分のことを見てあげていない時期が長かったです。

ほかの人にどう思われるかが何よりも大事で、自分の内側ではセルフネグレクトを続けていました。それも限界が来て、ついには結婚相談所からも逃げ出しました（入会して1年経ち、契約更新しなかったというだけなのですが）。

理想を下げるのは「究極の自分いじめ」

いつから私は、理想を下げないと結婚できないと思い込んだんだろう？

原稿を書きながら過去を振り返ってみると、先に書いた35歳で結婚相談所に入ったことと、年齢的なプレッシャーがきっかけでした。

結婚相談所でもネット婚活でも、写真とプロフィール（年齢・仕事・年収・家族構成・趣味など）でお相手を判断していきます（ネット婚活ではメールのやりとりもしますが）。

そのとき、どこを見て判断するかというと、プロフィール写真（顔や雰囲気）と年齢なんですよね。これが「良い・悪い」ではなく、わかりやすいからです。

女性も、男性の写真と年齢と年収などを見ますよね。あと次男かどうかとかね。だから男性だけを責められないんですよ（笑）。

これまで生きてきた中で出会った人の言葉や、メディアの影響も大きいですね。特にアラフォー・アラフィフ世代は、両親の大半が20代で結婚・出産していることもあり、「これがベストだ」と当然のことのように伝わります。

私の両親は、口うるさく結婚結婚と言うタイプではありませんでした。そんなことを言ったら私が怒ると思ったからだと思います(笑)。

それでも時折、弟や妹がとっくに結婚していたこともあり、両親から結婚について言われました。

17年前、今はもう亡くなった母方の祖母をお見舞いしたとき、一緒にいた父が私に言いました。

「まず『結婚する』と決めなければ、結婚相手には気づけないんだよ」

お父さん……! 今、私が受講生に伝えている通りのことを、私が結婚するよりずっと前に教えてくれてた!!

しかしながらその頃の私は、

「決めなければ出会えない。なるほどね～」

くらいなもので、まだ父の言葉の本質を理解していませんでした。

祖母のお見舞いの際、先ほどの父の言葉を聞いた寝たきりの祖母が、遺言のように私に言ってくれた言葉があります。当時すでに会話することも困難だったのに、どうしても私に伝えたかったようで、叔母が通訳してくれました。

祖母の言葉は、

「絶対に、好きな人と結婚しなさい」


でした。

祖母の時代は恋愛結婚の時代ではなかったこともあるし、実際、祖母は祖父と添い遂げましたが、孫の目から見て格別に仲が良いという感じではありませんでしたので、長い結婚生活を見据えて、孫の私に同じ苦労をかけたくないと思ったのかもしれません。真意のほどはわかりませんが、本当にありがたい言葉でした。

こう書くと、すごくおばあちゃん子だったと思われるかもしれませんが、子ども時代に年に1、2回会う程度、私が第一子で、甘えん坊タイプではないことも手伝い、ほかのいとこたちと比べると接点も少なく、ゆっくり会話した記憶もほとんどありません。でも、大人になり年賀状を毎年出していたからか、いとこの大半がすでに結婚していた中、30歳過ぎても結婚しない私を周りが心配していたのを見て、祖母が本音を伝えてくれたのだと思います。

（祖母にそう言ってもらったにもかかわらず、そこから改めて婚活して「理想を下げる」を繰り返して婚活ウツになるわけですが……）

婚活ウツを発症後、婚活自体をお休みしている間、祖母の言葉を何度も思い出しては、泣きました。

私、好きな人と結婚してもいいよね？

なぜ、ダメだと思ってるんだろう。

素直に理想の人と結婚したい、と望めないのはなぜだろう？

さまざまな本を読み学びを深めるうちに、ふと自分に問うたことがあります。

「私が強く信じていることはなんだろう？」

このとき自分の中から湧き出た答えが、

「私は愛される価値のない人間だ」

でした。

私は理想通りの男性に愛される価値がない。

なぜなら30代だし、たいした額のお金も稼いでないし、
家柄もごく普通だし、特別な美女でもない。
こんな私が、理想通りの男性に愛されるなんてことが起こるはずがない。

現に、どんなに婚活したり合コンしても、そんな理想の男性に出会うこともなければ、近い人に出会えたとしても、相手にされることもなかった。

これまでがそうだったのだから、「私は愛される価値のない人間だ」と強く信じていました。

過去はそうだった、それだけなのに、なぜか今後一生愛される価値がない、と信じ込んでいました。

「理想通りの男性に愛されるなんてことはないだろう。でも結婚したい。それなら理想を下げるのが当然」

この流れをずっと繰り返していました。

理想を下げることが、結婚するために正しいことだと思い込んでいたんですよね。

でも、その「正しさ」こそ、究極の自分いじめですよね。

理想を下げて結婚できるどころか、婚活ウツになるほど苦しむわけですから……。

本当に私は自分にひどい仕打ちをしてきました。

自分で自分の力を奪ってきたし、自分を低く見積もっているから、理想の人を望めなかった。婚活をお休みしている間にそのことに気づいて、2、3章でご紹介するワークが生まれます。

この状況はぜんぶ自分がつくってきた。そこから目をそらさずに、何を信じるかを改めるだけで人生はラクラク激変します。

理想を下げたのに選ばれない悲劇

「理想を下げたにもかかわらず、選ばれず結婚もできない」

すごく怖い言葉じゃないですか？　今の私が聞いても怖さを感じます。

でもこれ、だれにでも起こることです。

お見合い相手を好きになれずにお付き合いに発展しないならまだいいのですが、1年お付き合いしていたけど、結局お別れすることになった受講生がいます。

Sさん（42歳）はネット婚活で出会った男性と1年ほどお付き合いしていました。男性の親御さんの介護の都合で、お互いにとってベストなタイミングで結婚できればいいとゆっくり交際していたようですが、結局お別れすることになったと連絡をいただきました。

私はその報告をとても残念に思ったのですが、Sさんが、

「自分の波長に合う人はむずかしい、高望みだよね、という気持ちから、この程度の人なら結婚してくれるかも、をやっていました。そんなつもりなかったんだけど……」

とおっしゃっていて、逆に安心しました。

お別れした男性は、Sさんにとって心の底から結婚したい相手ではなかったのです。もちろん素晴らしい男性だったからこそお付き合いしたとは思いますが、

「この人なら自分を選んでくれるかも」

という目線で婚活すると、痛い目に遭うのはこちらなんです。

どちらからお別れするかは人それぞれですが、やっぱり女性がフラれるパターンが

多いかな。女性が、この（程度の）人なら（こんな私でも）結婚してくれるかも、というやましい気持ちで付き合っていると、その本音が口に出さずとも男性に伝わるものなんです。

でも、ここがチャンスなんです。

「私が本当に結婚したいのは、どんな男性だろう？」

改めて自分の願いを書き出すときです。

Sさんの言葉に「そんなつもりはなかった」とありましたが、無意識で男性を見下す行為は、自分自身を見下しているから起こるのです。

自分自身からの乖離（かいり）によって起きること

「乖離」とは、そむき、離れることを意味します。

この本を読んでくださっているあなたは、あなた自身から離れず、あなたと愛の交流ができているでしょうか。

そして、あなた自身の本当の価値を、理解できているでしょうか。

現在、この瞬間の自分の気持ちを把握しているでしょうか？（自分の気持ちって変わらない部分とどんどん変わっていく部分があります）

あなたは、これまでにたくさんの人生経験を積まれて、結果も出してきました。評価を受けるだけでなく、批判されることもあったかもしれません。恋愛での失敗や、傷つけ合ったことなどもあったと思います。

大人になればなるほど、目の前にやることがいっぱいあり、忙しい中時間をやりくりしてやるべきことをこなしています。

こなすだけで精いっぱいで、ふと気づいたら30代も後半にさしかかり（人によっては40代半ばで気づくことも）、みんなもう結婚してる！　子どもも産んでる！　そろそろ私も本気で婚活しなきゃ！　結婚しなきゃ！と焦り、いきなり行動を始める人も多いです。

実際に体験することは、頭で考えるだけで行動しないよりは得られることもありますが、やはり準備なしにいきなり婚活すると、特にアラフォー以上の女性にとっては傷つくリスクが高いです。

なぜなら、これまでの豊富な人生経験が足を引っ張るからです。

男性を見る目が知らず知らずのうちに厳しくなっているだけでなく、同様に自分にも厳しいので、行動しても結果を出せない自分にいらだちや不満を感じやすくなっています。

私自身がそうだったのですが、いきなり行動を始める「焦り」からの婚活は、良いものを生まないばかりか、嘆きの婚活、悲劇のヒロインになりやすく、結果を出せない自分を見下し、ますます自分自身から乖離していくことになります。

自分をナメるな、みくびるな

自分から乖離している人は、真の自分はどんな願いも叶えられるとてつもないパワーを秘めていて、自分が愛される存在であること、そしてすでに愛されていたことに気づけません。

自分は愛される価値がないし、理想通りの男性にも出会えないだろうし、出会えても選ばれないだろうと妄想して、がっかりします。

自分のことをナメて、みくびっています。自分を低く見積もってるんですよね。

これ、自分だけの問題だからだれにも迷惑をかけてない、なんて思っていませんか？

ところが、そうでもないのです。

自分を低く見積もる人は、他人のことを軽んじ、低く見積もり、ナメて、みくびります。私が実際に通った道なので、よくわかります。

自分を低く見積もったほうがお得、メリットがあるような気がしてそうしますよね。

損だとわかっていたらあえて選ばないはずです（損を選びたい人もたまにいますが）。

私自身は、自分を低く見積もったほうがお得というつもりはなく、そんなふうにしか自分を見てあげられなかっただけなのですが、同じ人も多いかもしれません。

ハイスペック男性を望むほどの女性じゃないと表に掲げることで、謙虚な女性に思われるという目論見（もくろみ）もあったのかもしれません。

謙虚とは、辞書ではおごりたかぶらず素直なさまとありますが、私が自分を低く見積もり、自分を見下していたのは、謙虚さからではなく、自己防衛や防御なんですよね。

傷つきたくなかったんです。

理想を高くして選ばれない自分を、見たくなかった。

そんな自分がかわいそうでいたたまれないから。

それもこれも自分と乖離しているからの思考で、当時は自分をナメてるつもりなんてありませんでした。

どうでもいい人には好かれるワケ

これは、結構な数の女性が思うことじゃないでしょうか。

好きな人には思われず、どうでもいい人からはアプローチされる（ウザい・迷惑）。

この沼に、私は長い間ハマっていました（笑）。

こうなる原因はふたつあると思っています。

ひとつは、「自分の頭でそう信じている」ということ。

最初は偶然から始まったことかもしれない。でも、それを「自分の中の当たり前」とすること、当たり前だと自分自身が決めたから、何度でもそれを体験する。何度も体験するからますますそうなるだろうと起こる前から決めつける。

私たちは、自分で未来をつくれるので、まだ起きていない先のシナリオを自分がつくっていたということです。

私が婚活をお休みした間、読書にふけっていたのですが、本を読みながら「信じてきたことを変えればいいだけじゃない⁉」と気づいて実践して、どんどん現実が変わっていきました。

具体的にどう変えたかというと、これから先の未来は先に自分で決めてしまえばいいので、これまでもっていた「私は好きな人から愛されず、どうでもいい人から愛される」という強固な考えを、

「私は愛する人から愛される」

と自分の好みに変えたのです。

それだけで、景色が変わり始めるんですよ。ほんと、びっくりするほどカンタンでした。

もうひとつの原因は、「好きな人の前では自分を出せず、どうでもいい人の前では自分全開！」をやっているから。

どういう意味かというと、好きな人に好かれたい一心で、「本当の自分を見せたら嫌われるんじゃないか？」、そうなるのが怖いから、自分を見せないんです。

ここには「本当の自分は愛される価値がない」という根強い思いが隠されているのですが、どうでもいい相手だと、嫌われようがかまわないので素直な自分を表現しますよね。

すると、その相手からしたら本音で接してくれるあなたにグッとくるんです。

これは実はすごいことで、あなたは本音で生きれば愛されるってことなんです。それを、どうでもいい人がずっと教えてくれてたんです。

どうでもいい人なんて思ってごめんね、ですよね（笑）。

「あなたがあなたのままで愛される」を教えてくれる、貴重な人です。
だからといって好きにならなくていいんですよ。そういう役割だという話です。
このふたつをクリアすると、あなたも愛する人に愛される人生を歩めます！

あの人は選ばれて、なぜ私は選ばれない？

講座やセミナーでお会いする方にたまに言われるのが、
「なんの努力もしてない人がさらっと結婚相手に出会って結婚していくのが許せない」

という言葉。そんなとき私はこう伝えます。
「あなたからは努力してないように見えるだけ、かもしれませんよ。

彼女の生活を全部知ってるわけじゃないから、あなたの知らない見えないところで努力したかもしれないですよね？

そして、その人は自分の幸せに集中したのではないかな？　ほかのだれかがどうであれ、私は私を幸せにすることだけを考える、と」

「あなたがその人をうらやみ悔しく思うのは、自分よりもその人のほうが劣ってると思っているからですよね？　その考えは手放しちゃったほうが、この先の人生が楽だと思いますよ。

さらに……その人が過去世で想像もつかないくらい徳を積んでたかもしれないですよね。でもそれはだれにもわからないことで、うらやんでもしかたないことなんですよ。自分が消耗するだけ。だから、あなたも自分の幸せに集中することを選びませんか？」

またこんな言葉もありました。

「また知り合いの結婚爆弾が落ちてきた。ツラい。どう考えたらいいですか？」

これは、出会って数か月でスピード婚された婚活塾生（当時38歳）がおっしゃった言葉。

「その人に心底おめでとうと思えないなら、それはそれでしかたないです。ただ、知り合いの結婚を〝爆弾〟としてしまうと、自分に結婚を寄せ付けないことになるんですけどそれでもいいですか？　そして、自分の身近に結婚がやって来てるってことは、いい波が来てるってことなんですよ。次はあなたかもしれない。だからここは喜ぶところですよ！」

と塾生には伝えました。

友達や知り合いの結婚報告が怖い！　よくある話ですよね。

無理に喜ぶ必要もないですが、悔しがるよりも次は私の番かも♡と思っておいたほうが、自分の精神衛生上良い気がしませんか？

すべてを自分にとって都合良く考えること、全婚活女性にオススメしたいです。

だれかを喜ばせるイイ顔を自分に向ける

婚活すること自体、あなたは自分にもっと良い人生を歩んでほしくてやっていますよね。その上この本をお読みくださるということは、理想通りの男性と結婚することへの望みを捨てていないということ。

だから、今現在うまくいっていてもいなくても、あなたは自分に対して愛がある状態です。それは本当に素晴らしいことです。

もっと根源的な話をすると、ここまで生きてきた、それだけですごいことなんです。悲しすぎたりつらすぎた経験もたくさんしていますよね。理解を得られなかったり、孤独を感じたこともあるでしょう。それなのに、自分をあきらめずに生きてる。

この生存パワーを全力で認めてください。褒め称（たた）えてください。

それこそ全身の細胞、骨、筋肉、皮膚、臓器、脳……。

目が見えること、耳が聞こえること、本が読めること、言葉が話せること、自分の思いをだれかに伝えることができること、奇跡じゃないですか？

「私って、内臓からすごい、細胞のすべてが最高すぎる……！」

このように、自分自身をいちいち褒めてあげてください。

私もいつもやっています。

さらに、雨風がしのげる家に住んでいること、これもあなたの実力です。すごいことではないですか？

あ、今、「そんなの当たり前だし……」って思いましたよね？

本当に当たり前でしょうか。

少なくとも、家賃を払う必要がありますよね。家賃を用意するための努力、してますよね。

実家住まいだとしたら、そこに住めるのもあなたの実力です。家族から「住んでも良い」とＯＫが出てるんだから。

さて、なぜここまであなた自身を褒め尽くすよう書いているかというと、アラフォー以上で婚活で悩む女性は、めちゃくちゃ常識的で、人と接するときも感じが良かったり、人を褒めることができる人が多いのです。受講生も、女性としてすてきな人ばかりでした。

だから、これからは、だれかを褒める以上に、自分を褒めてほしいのです。

だれかを喜ばせるイイ顔は、だれかに好かれたい、だれかに媚びを売っている状態。

これを、自分自身にやってほしいんですよ。特にこの本を読んでくださるあなたには。

そうすると何が起こると思いますか？

媚びを売らなくてもイイ顔しなくても、勝手に周りから好かれるようになるんです！

なぜなら、自分が自分に見せる顔＝他人が自分に見せる顔、だからです。

一度でいいのでやってみてください。すぐにこの意味がわかると思います。

だれかに認めてもらいたくてやってきたこと、それは悪いことではないです。

でもこれからは、あなたには自分を認めることを優先してほしいなぁと思います。

自分を出せない人生から足を洗う

「どうでもいい人には好かれるワケ」のところでこう書きました。

「本当の自分は愛される価値がない」という根強い思いが隠されている。

また、「自分を出さないから結局選ばれない」とも書きました。

本当の自分を出したら愛されない、こうした思いが湧き出る根源的な理由は第3章で説明しますが、恋愛する上でだれにでもあるのが〝傷つきたくない〟という心理ではないでしょうか。

学生時代からの20代の恋愛経験で、ひとつやふたつ傷つくこともあったと思います。年齢関係なく、だれだって傷つくことは怖いですよね。年齢が上がると、傷ついたら二度と立ち直れないのではないかと心配になるのも当然です。

ただ、思い返してください。自分を偽って恋愛すると、苦しさを感じませんでしたか？　いつ本当の自分がバレるか想像すると怖い、と思いませんでしたか？

本当の自分で接していないなら、二人の関係には違和感が増し、居心地も悪く感じるはずです。

自分を偽っていると気づけているならまだいいのです。

まだ気づけていなくても大丈夫です。あなたの望むような結果になっていないなら、あなたはまだ本音で婚活していないということです。

違和感があると、関係を続けることができなくなります。その違和感は正しく、違和感のある相手と結婚してはダメなんです。

あなたの違和感は、お相手にはあなたよりもベストな相手がいるという印で、それはあなたにとっても同じことです。

違和感を、自分勝手なのではないか？　私のわがままでは？　我慢しなくてはいけないのでは？と恐れないでください。婚活する上で、あなたの感覚ほど大事なものはありません。あなたの違和感は最強です。あなた自身を信じてください。

理想を下げなかったから幸せな今

私たちの親世代（あなたが30代以上だとして）の多くは、20代でお見合いや紹介で結婚しています。私の両親も、父が80代、母が70代ですがお見合い結婚です。お見合いだから仲が良くないのだと思っている方もいますが、今離婚していないなら、仲が悪いわけではないです。必要があって一緒にいます。絵に描いたような仲良し夫婦、それだけが夫婦の正解ではないんですよ。

時代が変わり、今は、「絶対にこの人と結婚しなくちゃダメ」という縛りがない代わりに、だれも自分の結婚相手を決めてくれない、という自由があります。

そう、自分で相手を決められるんです。決められるだけでなく、あなたは今からでも、理想の相手をクリエイトできるし、いくらでもあなたが望む関係性をつくることができます。

すごくありがたい時代ですよね。

ありがたいけど、膝を抱えて待っていてもその相手が空から降ってくることはないので、行動力が必要だし、あなたが自分自身をどれくらい知っているかも非常に大事です。

でも、読み続けていただければその方法がわかりますのでご安心ください！

私が40歳で結婚した夫は、39歳の誕生日につくった「理想の人リスト」の95％を満たす男性です（理想の人リストの作成方法は第4章で説明します）。

夫を、クリエイトしたのは私です。

もちろん、夫は私の知らないところで存在していました。それを「理想の人リスト」を使って目の前（ネット婚活にて）に登場させたのが私、という意味です。

これは私だからできたのではなく、このあと書くことをやってくださると、どなたでも理想の相手と結婚できます。

私は理想通りの夫をクリエイトしたことで、独身時代には想像もつかなかった人生を歩んでいます。

苦節9年の婚活で「本気で望めば叶う」ことを体感したので、望むことを遠慮しなくなったからです。そういえば、結婚の前に、仕事でも派遣から正社員になる願いを叶えていました。

まだ叶っていない願いは、今後も望み続ければ叶うだろうし、生きていると、願い自体がどんどん変化していきます。それも自分自身の進化として、人生で起きることを楽しんでいます。

今、私がいろんなチャレンジができるのは、最愛の夫がそばにいてくれるからだといつも思っています。

今でこそ自分を活かして事業をしていますが、独身時代は会社員でした。会社組織には向かない性格ですが、事務的な仕事はできたのでお給料をいただくことができました。そのおかげで生活できたので、会社には心から感謝していましたが、結婚が決まる前後でその会社を辞めました。

結婚して今の仕事を始めるまでには数年ありますが、人生のパートナーと出会えたからこそ、もっと自分の好きなことを仕事にしたい、という願いに舵（かじ）を切ることができました。

これは女性だけでなく男性にも言えると思います。

結婚生活は、結婚相手にエネルギーを送ることでもあり、相手からのエネルギーを受け取ることでもあります。

ひとりよりも二人のほうが助け合えるし、どちらかが調子が悪いときには支え合う、励まし合う、応援し合う。そんな関係をつくれる相手に、いくつになってからでも出会えます。

ひとりの自由も捨てがたいけど、愛する人と共に生きる人生は安心して冒険できる喜びを味わえるので、心底オススメします。

結婚した受講生の中には「結婚した夫は理想の人リスト以上の人だった！」とおっしゃる人も多いです。

また、「結婚して時間が経つほどに、理想の人リストと同じ人になっていきます！」と言う人も多いですね。

私もそうでしたが、理想の人リストでは、お付き合いが深まらないとわからない望みもどんどん書くので、出会った頃よりも結婚後のほうが「リストにぴったり！　まさに自分が望んだ人だ！」となりやすいのです。

理想の人と結婚することを今はむずかしく感じていても、あなたが心の底から望むなら、必ず叶います。

選んだのはすべて自分だった

婚活だけでなく人生をむずかしくする考え方が「～～された」「～～させられた」というもの。

私自身、人生がうまくいかないな～と思っていた30代半ばくらいまでは、こう思うことが多かったです。

「○○さんに言わされた」
「○○さんにやらされた」
「○○さんに傷つけられた」

どれも同じですが、「～～させられた」という現実はあり得ないんです。

現実は、

「言う選択を自分がした」
「やる選択を自分がした」
「傷つく選択を自分がした」

だけです。

そうなることを選んだのは自分だからです。
「〜させられそうになる状況」だとしても拒むこともできるはずなのに、拒むことで嫌われたくないし、考えるのもめんどうなので、「〜させられ続けている」だけです。

周りはあなたがそれが好きだと思っていますから、本当にいやなら、そのように伝えないかぎりいつまでも続きます。

心の中で人のせいにすることで、場の雰囲気を壊さずにすみますが、そういう人は、ほかのだれかが自分の意見を言っていると、あの人はうまい、ずるい、と考えるでしょう。

自分の本音を大事にして、嫌われることもいとわずに自分の意見を伝えているだけなので、本来はだれにでもできます。

人生でこれまでとは違う景色を見たいなら、「〜させられている」と思っていたことを「この現状は、私が好んで選んでいた」という見方で見るようにしてみましょう。

そして、「ガーン！　全部自分が選んでたのか！」と絶望しましょう。

単に思考のクセなので、これまでと視点を変えると、婚活でも仕事でも、どんどん好転していきますよ。

なんてえらそうに書きましたが、私は今でもごくたまにそのクセが出てきます。

「〜された」「〜させられた」

その思考のほうがラクなので、ついつい。

そう考えたくなるときは、物事がうまくいかない理由を人のせいにしています。だから、視点を変えるときですね。ああ、書いていて耳が痛いです（笑）。

「結婚する」と決めると結婚相手に気づける

父に、

「まず『結婚する』と決めなければ、結婚相手には気づけないいんだよ」

と言われたと書きましたが、

あなたが結婚したいなら、ここがスタート地点です。

結婚相手に出会うまで日々挨拶代わりに「結婚する！」と自分に宣言してください。

今、「え、毎日？　めんどくさ……」と思いましたか？

これがね〜、ぜんぜんめんどうじゃないんです！

毎日の生活のついでにできます。

書いた紙をどこか目につくところに貼（は）っておくか、自分で書くか、スマホのリマインダーや、付箋（ふせん）を鏡に貼っておいたり、自分の口で言う、たったそれだけです。

自分の口で言うなら、ひとりのとき、たとえばメイクをするとき鏡を見ながら、トイレの壁に貼ったメモを見ながら、など、そんなに負担じゃないです。

私の場合は、歩道橋などの階段を上るときに、1段ごと脳内でつぶやいていました。

なぜ最初に決めるだけではダメなのか。

それで大丈夫な人もいますが少ない印象です。

最初に「結婚する」と宣言しただけでは、決めたこと自体を忘れちゃうんですよね。

なので、毎日決め続けることをオススメしています。

決め続けるといっても大袈裟なことではなく、毎日思い出したときに、

「私は絶対に結婚する！」

「理想の人に愛されて結婚する！」

「私はその価値のある女性だよ」

と鏡に映る自分自身に言う、それくらいです。

「そう、当然だよね」とすんなり思えるようになればもう大丈夫のサイン☆
心も明るく変化し、実際に行動したくなるので、次第に状況も変わっていきます。

不安と戦わず寄り添う方法

実際の婚活を始める前に、不安で動けないという人もいるかもしれません。

不安の元になる思考は人それぞれ違いますが、一度も結婚していない人にとっての第一の不安は、

「このまま一生結婚できなかったらどうしよう」

ではないでしょうか。それ以外には、

裏切られたらどうしよう?

詐欺に遭ってお金を取られたらどうしよう?

私を好きになる人なんている?

気持ち悪い人に言い寄られたらどうしよう?

親に反対されたらどうしよう？

相手の親に気に入られなかったらどうしよう？

体の相性が合わなかったらどうしよう？

などなど、これまでの受講生のお話を聞く限り、数え切れないほどの不安をもっています。

結婚への不安を秘めていると、私たちの内側は、自分を守るために自分を結婚させないように、現実的な行動を起こさない選択をします。

または、結婚できないような相手と出会い、好きになったりします。

不安ゼロという人は自分を見ないようにしているだけで、不安がない人間はいませんし、不安があっても結婚はできます。

だけど、不安が大きくて結婚に結びつかないのはもったいないですよね。

受講生には不安に関してこう話しています。

①不安を見つめる
②不安にOKを出す
③それほんと？　今起きてるの？と問う

詳しく説明します。

①自分が何に対して不安に感じるのか？

見ないふりをする人が多いのですが、見なければさらに怖いものだと感じるし、放置したままではそれが拡大してよけいに怖くなります。

だから、自分の中から不安に思うことを取り出して、自分の目で見てみることが大事です。

具体的には、自分に「結婚すると怖いことは？　何を恐れているの？」と聞いて、紙に書くこと。スマホのメモでもかまいません。

書く際、なかなか出てこない人は、「どんな不安でもＯＫだよ。これまで聞いてあげなくてごめんね」と自分に言ってあげると出てきやすいです。

②どんなことを書き出したとしても、自分が感じることはすべて正解

ひとつひとつを見て、「そうだよね〜。その不安、わかるわ〜」「教えてくれてありがとう！」と自分に伝えます。

③その不安、わかる〜と自分に寄り添った上で、新たな視点を向けてみる

「気持ちはわかるけど、これって本当に起きるのかな？」

「裏切られるってもう決まってる未来なの？」

「決まってないならうまくいくかもしれないよね？」

「体の相性は、最初から合う人を理想の人リスト（第3章）でフォーカスすればいいよね」

「借金があったらどうしよう、これは、出会った人が疑わしければ確認したほうがいいよね。でも最初から『お金を大事にする人と出会う』って決めたらいいよね（リストに追加）」

「本当は、どうありたい？」

「未来を予測して暗くなったときは、ありたいほうに意識をスライドさせようよ」

こんな感じで、自分の不安と戦わずに、不安がある自分ごと抱きしめて、新しい考え方を自分に提案していきます。

これを日々淡々と続けると、不安や自分の揺れる感情に振り回されなくなり、生きやすくなります。

表面上では気づかなかった不安を隠しもっていることもあるので、自分に聞いてあげる時間をとることは、現実的な婚活をする前に必要です。

現実が変わらないのは
無意識が暴走しているから

不安の対処法は書きましたが、不安を表に出して見つめても気持ちがどよーんとしたまま行動できない人がいます。

その多くの場合、無意識の思考が野放し状態です。

意識的に自分を見つめたときは前向きで気分が良く、それ以外の時間はため息ばかりで気分も暗い、という場合、まずはふだん自分がボーっとしているときに何を考えているか知るために、このワークをやってみてください。

目覚めの輪ゴムパチンワーク

用意するのは輪ゴムだけ（ヘアゴムでは痛みを感じられず目覚められないのでNG）。

数時間から半日ほど、自分の思考に注目してください。

用意した輪ゴムを手首にはめます。

自分の感情がネガティブになったり、暗い気分になったり、どうせ自分は……とため息をつきたくなったら、腕にしている輪ゴムをパチンとしてください。

そしてそのとき脳内で何を考えていたのか思い出してください。

受講生のワーク後の感想で多かったのが、

「まさか自分に対してこれほど『あんたなんて結婚できるはずがない』と言ってるとは思わなかった」「こんなにひどい言葉をかけているとは気づいてなかった」というご意見でした。自分が叶えたいことをいちばん阻止しているのは、なんといっても自分の脳内で自分に伝えている言葉や声がけです。

知らず知らずかけていた言葉に気づいて、本当にかけてあげたい言葉を自分にかけ始めると、あなたに結婚が近づいてきます。

Chapter

2

モテない自分を
つくっているのは
自分だった

過去は真の理想に気づくために必要な時間だった

幼少期から大人に成長した現在、さまざまな恋愛をしてきた人も多いでしょう。アラフォー・アラフィフで婚活を始める人の中には、複雑な思いを抱えたままでいたり、過去を後悔している方もいるかもしれません。

「なんであんな人を好きになっちゃったんだろう……（時間の無駄だった）」
「なんでもっと早くから婚活を始めなかったのか……（自分の選択を呪う）」
「なんであのとき彼にあんなこと言ってしまったんだろう／言わなかったんだろう……（時間を巻き戻したい）」

こんなふうにね。

特に、今の人生が思い通りになっていない場合、過去の経験を後悔したくなるのもわかります。

でも、この本に出会ってくださったあなたには「後悔」ではなく「今が私の婚活のベストタイミング」だと自分で決めることをオススメします。

これまでの人生で後悔が多かった人、「私、すぐ後悔しちゃうタイプだ……」とここでも後悔しないでくださいね（笑）。

後悔する人を責めているわけではないんです。

後悔する以外の考えを知らなかったということと、自分を許せない気持ちが湧きやすかったり、自分に対しての怒りもあるのかなと思います。

現段階では、後悔やくよくよすることが多かったことを思い出す、だけでＯＫです。

ちなみに私も、やってしまった後悔、ありますよ。20代後半のとき、友達の紹介で知り合った人に一目惚れして、送ったメールが1回目なのに重かったりとか（笑）。そんなにお互い知らない間柄なのに、いきなり好きなんて言っちゃダメだってことも知らなかったんです。

そのときは相手から反応がなく悲しかったですが、私の中で経験として残りました。

メールを送らなければ傷つかずにすんだかもしれないけど、いずれどこかで恋愛の進め方を知らないことからくる事故が起きたはずだから、早くわかって良かったと思っています。

私の場合は「やってしまった（！）後悔」ばかりですが、やらなかった後悔の場合はラッキーです！　今もまだやりたいなら、これからやればいいだけだから。

思い返してほしいのですが、過去の自分を後悔しているとき、「私、かわいそう」という感情が湧いてないでしょうか。それよりも自分への怒りを強く感じる人もいるかもしれません。

いずれも、過去の自分の選択をダメだと思っている状態ですね。実はそうした自分から自分への目線、自分を蔑(さげす)み、自分の選択が間違っていてダメなのだという思いなど、これらは私たちから活力を奪うんです。

私たちは、自分以外の人に自分のことを「大丈夫」だと言ってもらいたい欲求があります。

もちろんそれがあってもいいのですが、本当のあなたが必要としているのは、自分自身の中から出てくる応援の言葉です。

自分の過去を後悔する人は、自分のことを責める目線が優勢で、自分を応援する目線が少なかったのではないでしょうか？

だれもが本来、自分の心からの願いを叶えることができます。その原動力の源は、自分自身が自分にかける言葉です。

ここで少し時間をとって、ふだん自分が自分にどんな言葉をかけているのか、チェックしてみてほしいです。

第1章の輪ゴムパチンワークをやっていただくとわかると思いますが、びっくりするほど自然に、自分が自分に辛辣（しんらつ）な声をかけているんです。

「あんたには無理だよ」

「どうせ私なんて」

こんな言葉のシャワーを浴びせていたんだ、と自覚していただくタイミングが今です。

気づいてもらえないと、これからお伝えするワークをやる意味が曖昧でふわっとしてしまうので、先に気づいていただきたいですが、自分にかける声が聞こえない場合もありますので、そういう場合はまずは「そんなことがあるんだ」と軽く受け取ってくださいね。だんだんわかるようになるので心配無用です！

過去の自分の選択を後悔する必要は1ミリもないよ！と伝えたい理由は、ほかにもあります。

過去の恋愛だけでなく、すべての経験があなた自身を構成しています。たとえば、結婚を前提でお付き合いしていた男性とお別れした経験。受講生からもよく聞きますが、お付き合いのご縁はあったけど、結婚のご縁ではなかったと言えます。

お付き合いの間で気づいたことや違和感などがたくさんあったはずです。その違和感が、あなたにとって本当に出会いたい結婚相手を教えてくれています。

ほかにも、ネット婚活で出会った男性と付き合ったけど、体だけの曖昧な関係をずるずる続けてしまい、時間を無駄にした、という人がいます。そのときの自分は、体だけでもずるずると付き合いたかったんです。それが本当にダメなことなのでしょうか？　そのときの自分の本能に従っただけで、悪いことではないんです。「そのうち結婚してくれるかも」というあては外れたかもしれませんが、すでに関係が終わっているなら次に進めます。そして、たとえば「次に付き合う相手とは絶対に結婚する！」と自分の前提を変えればいいし、その経験があったからこそそう思えたわけで、すべての経験はこれからの結婚にとってプラスでしかないのです。

これは私の経験ですが、夫と出会ったネット婚活、登録したのは2009年でしたが、実はその3年も前から気になっていたサイトでした。3年経ってようやく登録したのですが、夫は3年前からそのサイトに登録していたとのこと。でも通年ではなく、サイト以外の出会いがあって、やったりやらなかったり、だったらしいです。もしも私がサイトを気になり始めた3年前に登録していても、まず夫が「理想の男性」だとは気づけなかったと思います。それくらい私の意識が拗(ねじ)れていたことと、夫は3年間で仕事面でも収入面でもより良く変わったのですが、変わる前の段階なら確実に見逃していたと思います。

夫の良さに気づけていなかったら夫と出会えていない……そう考えると怖いです。だから、今の自分が経験していることが、ベストなんです。これは私だけでなくあなたにとっても同じことです。

世界はあなたに心を開いてほしがっている

私がこれから書くことを疑わしく思う人も多いでしょう。でもあえて書きます。あなたが「結婚したい」と素直に望むとき、あなたと結婚したいと思う男性が現れます。あなたが「だれでもいいわけじゃない、理想通りの男性と結婚したい」と望むとき、あなたの理想通りの男性が現れます。

あなたはもともと、叶えられることしか望めないように設計されています。

「本当の自分を出すのが怖い、嫌われるかも」と思っている人は多いのですが、本当の自分を出すからこそ愛されることは第1章で書きました。

本当の自分を出すとは、心を開くことだと思っています。心を開くとは……？　わかるようでわからなくないですか？

私は過去、「心を開く」という言葉をよく見るけど具体的にどうすればいいの？　だれか教えてよ！と半ギレ状態でした（笑）。

ぜんぜんわからないけど知りたいがために、よく、ハートをオープンにするというビジョンをイメージしていました。

自分の胸（心臓）のあたりにハートがあるとして、そのハートに扉がついていて、扉がパカッと開くようなイメージです。残念ながら、そのイメージを繰り返してもよくわかりませんでしたが、だんだんと「私は本当はどうしたいの？」と自分に聞けるようになっていったし、自分から本当の答えが返ってくるようになりました。

あなたも自分の胸（心臓）に手を当てて、「私（あなた）はどうなりたいの？　本当は、どうしたいの？」と聞いてあげてください。

あなたが「心を開く」を続けていくうちに、あなたの心からの望みがブワッとあふれて、その望みを素直に見つめることができるようになります。

また、あなたが心からの望みに気づいて、世界のどこかに必ずいる（あなたが日本人を望めばその通りになりますから安心してください）あなたにとってのベストな人と共に人生を歩むことになれば、世界にとっても地球にとっても喜ばしく幸せなことなのです。

あなたが心を開いてあなたにとってベストな人に出会うことを、世界が待っています。遠慮することなく素直に望んでください。

閉じた心を開けるのはただひとり

「心を開く」という話をしてきましたが、ここで大事なのはだれがあなたの心を開けるか、ということです。それはひとりしかいません。もうおわかりでしょうが、あなたのことです。

こんなわかりきったことをなぜ書くかというと、私たちアラフォー・アラフィフ世代は、少女マンガ信仰が強くある気がしています（少女マンガは大好きです）。

主人公の女の子は何か理由があって心を閉じてしまった。それを気にかけてくれる男子がいて、彼が彼女の心をこじ開けようとするうちに、彼女の心も解けていった……。

こんなマンガが実際にあるか定かではありませんが、心を閉じているとそれをだれかが思いやってくれて、勝手に相手の行動によって心を開かされる……。潜在的にそんな展開を待ち続けている人も多いのかなと思ったりします。気づいてない人も多いですが。

婚活ウツで婚活をお休みしていた間、心を開くってなんだろう？と考えたときに、そのことに気づいたんですよね。「やばい、だれかに自分の心をこじ開けてもらおうとしてたわ!!」

そして、「少女マンガは10代女子だからそれが可能なのか！　30代じゃ、さすがに最初から心を開いてる人じゃないと、男性の心自体が動かないんだ」ということがわかりました。
なぜなら、30代は立派なオトナの年代ですから。
精神的にオトナであることは、男性からしたら必須条件として求められるのです。

自分の外側に関してはだれもが責任をとってきていると思いますが、自分の内側についても自分で責任をとる必要があること、だれにも教わってなかったのか、スルーしてきているのか……。30代半ばの婚活ウツの経験を経て、ようやく気づけました。

私はずっと恋愛が苦手だったし、男性に甘えることもできないし、こっぴどい失恋経験や付き合っても結婚につながらないなど、恋愛面では八方塞がりでしたが、根本原因が「自分の心をだれかにこじ開けてもらおうとしてないか?」と気づけたのは、「心を開く」の意味がなんとなくわかったからだと思っています。

自分の価値を思い出す！　ごめんねワーク

本章の最初に書きましたが、知らず知らずのうちに自分にひどい言葉をかけている人はたくさんいます。

そして私もそのうちのひとりでした（実は今でも気づくとやっています。なので気づくたびにこれからお伝えするワークをやっています）。

たとえば、理想が高すぎて、自分に求めるレベルも高い場合、できていることよりも、できていない部分に目がいくので、その部分にダメ出しする。

「もっとやれ！　認められたいならこんなんじゃダメだ」

たとえば、近しい人が自分よりも優秀な結果を残した場合、その人と比べては自分にダメ出しする。

「何であの人にできて私にできないんだ！　もっとしっかりしろ！」

たとえば、好きな人に振り向いてもらえない場合、落ち込んだうえにさらに自分にダメ出しをする。

「どうせ私には愛される価値がないんだ。ほんとにダメな人間だ」

たとえば、採用試験に合格できず、いつまでも就職できない場合、悲しむだけでなくさらに自分を追い詰める。
「私に価値がないから、私を採用する会社なんてどこにもない。どうせ私はその程度の人間なんだ」

たとえば、お見合い希望を出したりネット婚活ですてきな人に「イイね」してもまるで反応がなかった場合、ショックを受けるだけでなく自分にダメ出しをする。
「どうせ私がこんな歳だからダメなんだよね。もう私が結婚できるとは思えない。ほんとダメな人間だ」

こうして例を挙げただけで苦しくなってきましたが（笑）、物事が思い通りにならないとき、自分に対してひどく辛辣な言葉を無意識で投げかけていませんか？

言葉と書いていますが、文字にしてノートに書いているならまだ「やっている」ことに気づけるのですが、ほとんどの人は心の中でふわっと思うだけだったりします。いつものことすぎて、自分にひどい言葉をかけていることに気づかない人も、実は多いのです。

気づかないってことは、無意識で自分ディスりをしていて、それが自分の日常であり、当たり前になっている、ということなんですよね。

私の場合は、婚活ウツで婚活自体をお休み中の時期に、自分がいかに自分にひどい言葉のシャワーを浴びせてきたのか、ということに気づいたのですが、それ以外に方法がなかったんですよね。

自分の思い通りにならないことが起きたとき、あいつが悪い、こいつが悪い、あの上司のせいで、あのときの親の言葉のせいで、と自分以外のだれかに責任を押しつけることもできますが、それで事態が良くなることは多分ないですよね。あと、だれかのせいにするって少々子どもっぽいじゃないですか（これも、上から目線を発揮した私の幼稚な考え方ではありますが）。

私は、だれかのせいにするよりも、自分がイケてないこと、才能がないこと、努力が足りなかったことなど、自分自身をけなしたりディスったりすることのほうが、うまくいかない事実や、欲しいものが得られないことを受け入れやすかったのだと思います。

「こんな自分だから、ダメだったんだ」と無理やりに納得する。同時に心が死ぬ。

当たり前にやってきたこの「自分責め」が、実は私の人生を狂わせていたし、願いを叶える活力を奪ってきたんだということを、本で読んで知ったのが、先にも書いた婚活休止期間でした。

気持ちが塞(ふさ)いでいるときに読みたくなったのは精神世界の本でしたが、本には私がこれまで知らなかったけどとても大事だと思えることがたくさん書いてありました。おそらく学校では教わっていないと思われるのが、「私(あなた)にとって、私自身(あなた自身)より大切なものはない」ということです。

そんな内容を読んで、最初は自分勝手なさまや自己中心的であることとどう違うのか、戸惑いました。やっぱり自己チューはキライだし、実際そういう人は嫌われますから。

でもよくよく読んでみると、自分を大切にすることと、自己チューとは明らかに違うことがわかりました。

当時の私は、根底に自分への愛があるかどうかが大事であって、自分を大切にする場合は自分に愛がある状態、自己チューは自分が自分を愛せないから他人にどうにかしてもらいたい渇望の状態なのではないかと解釈しました。

今の私が思うことも同じで、自己チューな状態、これは特定の人のことではなく、どんな人も、自分が自分を見てあげていないと自己チューになりやすく、自分が自分を見てくれないから代わりにだれかに見てもらいたい、という欲求が生まれやすくなります。いつ何時でもまずは自分が自分を見てあげていると、「だれかに見てほしい、認めてもらいたい」と頑張らなくなります。人の顔色をうかがったり、過度に人に期待しなくなるので心も落ち着き、平安の日々を送れるようになります。

自分を自分で見てあげる＝自分を愛していることだと今はよくわかります。

これは余談ですが、数年前、駅で熟年カップル（ご夫婦かも）が大ゲンカしているシーンに遭遇しました。大ゲンカといっても男性は何も言葉を発していないので、女性が男性に気持ちをぶつけているだけだったのですが、内容は「私の話を聞いてよ!!!」「なんであんたはそうなの⁉」「私の話を聞いてー！！！！（号泣）」。男性はその間ずっとだんまり。殴り合っていたわけではないので、電車を待つ数多くの人が見て見ぬふりでした。

そのとき私が思ったのは、いつもこんなケンカをしているのかもしれない。そして女性は、自分の話を自分が聞いてあげてないんだろうなと思いました。「私の話を聞いてよ!!!」は、あの女性の内側が、女性に向けて言いたい叫びなんだろうなぁと。だから男性は反応しないんだろうなぁと。

なぜなら、自分が自分に向けている態度が、他人が自分に向ける態度と同じだからです。自分が自分の言葉を無視し続けているから、同様に他人も自分の言葉をスルーするんですよね。

精神世界の本で「私にとって私自身より大切なものはない」と教わったとき、すぐに思ったのが、自分にご褒美といってはおいしいものを食べたり、高価なものを買ったりしていたことが、とんだ的外れだったんだ！ということでした。

もちろんそれはそれでＯＫだし、おいしいものも高価なものもあげればいいんです。ご褒美といわずに、欲しいならいつでも。でももっと大事なことは、自分を否定する言葉を自分に無意識に投げ続けることをやめることだったんです。

「あんたなんてたいしたことない（だから高望みするな）」
「どうせいい結果なんて出せないよ（これまでと同じように）」
「理想通りの人なんてこの世にいないし、いても私が愛されることはない」

私は、こうした言葉を常に自分に浴びせていたんですよね。

無意識に。

そんなつもりもなく。

でも、心の中で自分を卑下していると、決まって気分が暗くネガティブになり、心が傷ついていました。

それが、自分にひどい言葉のシャワーを浴びせてるよ、という「お知らせ」なのです。さらには、ネガティブな気分になる理由は「あなたは素晴らしい人間なのに、なぜそれを否定するの？」という私の内側からやって来る悲痛な叫びだったのです。

そう本で読んで、とようやくハッ！と気づきました。

めちゃくちゃネガティブに寄っていた自分のことに。

気づいたとき、心の底から全力で、自分自身に謝りました。

「これまでどれほどのひどい言葉を投げつけてきたのか、本当にごめんなさい。私、ごめんね。まさかそんなに傷つけてるってこと、知らなかった。ずっと刃を向けてきてごめんね。私にとっていちばん大切な私を、傷つけ続けてしまってごめんなさい」

そう自分に謝ると、自分の心に光が差して、温かくなったように感じたんですよね。

そう、謝っただけで、自分の内側はすぐに私を許してくれました。自分の外側（私が知っていた私）とは違い、なんて心が広くて優しい存在なんだろう、と感動しました（笑）。

そうなるとますます自分に謝りたくなったし、感謝もたくさんしました。

ある日、鏡に映る自分の目をしっかりと見つめて、「私、これまで頑張って生きてくれてありがとう。あなたのおかげで今があるよ。頑張ってくれてありがとう。私は私を愛しています」と伝えてみたんですね。

そしたら……私の内側からも感謝の声が届きました。実際には声が聞こえたわけではありませんが、「こちらこそありがとう。私の存在に気づいてくれてありがとう」という愛が伝わってきたんですよ。大号泣しました!! あれほどこっぴどく鞭打ち、刃を向けてきた自分の内側から、文句を言われるどころか愛が送られてくるとは……どれだけ懐が深いのか、自分自身……と、私が自分の価値を思い出した瞬間でした。

もしかして「この人、単純だな～」と思いましたか？ でも私は、生きる上で大切なことほど、単純でわかりやすいんじゃないかと思うんです。

私たちがこの世に生まれて今も生きているのは、苦しみを味わうだけでなく、喜びも享受するためですよね。それなら、わざわざ人生をむずかしくするよりも、積極的に自分を幸せにする選択をしたいですよね。それを可能にするのが、単純さや素直さだと思います！

何かができなくても、特別なものをもっていなくても、どんな自分であっても、私には価値があるし、愛する人に愛されたいという望みをもってもいいし、ほかにどんなことでも望んでもいいのだと、私の内側は知ってほしかったんですね。だから婚活ウツという手荒な手段を用意したのかなと思います。だってそこまで行かないと気づけなかったから！　頑固すぎたし、「自分が正しい」をやりすぎていたし、人の話を聞かなかったし（笑）。

あなたがこの章を読むタイミングは、あなたにもこの感覚を知ってほしいというあなたの内側の願いをキャッチしたときです。だからぜひこれからご紹介するワークをやってみてください。

本書ではいくつかワークをご紹介しますが、結婚したいなら必ずやってほしいマストのワーク、推奨する3つのワークのうちのひとつです。

これまで、自分にひどい言葉のシャワーを浴びせていた自覚がなくても、一度やってみてください♪

幸せになることを許可する　ごめんねワーク

自分の胸に手を当てる。

↓

自分の内側に向けて、

「これまでたくさんあなたのことを否定してきて本当にごめんなさい。あなたを傷つけてきてごめんなさい。あなたの本心を無視し続けてきて本当にごめんなさい」

と言う（鏡に映る自分の目を見ながら言ってもOK）。

以上です。これを今日から3週間、毎晩（毎朝でもいいです）やりましょう。私はお風呂でゆったり湯船につかりながらもやりましたし、化粧水や美容液で肌を整えながらもやっていました。

このワークは、自分から何かしらの反応があることが正解というわけではありません。何の反応がなくても心配しないでください。もしも反応があれば、それを受け止めてください。

このワークをやってみた受講生の感想の中には、「今まで無視し続けてきたのに今さら謝られてもね！　ふざけんな！」と返事があったとおっしゃる人もいました。反抗的というか、気骨がある感じですよね（笑）。

もしそんなつれない反応だったとしても、最初は自分自身が拗ねているだけなので、懲りずに何度か謝ってみてください。そのうちだんだん「わかったよ。もう私のこと無視しないでね」と打ち解けるときが来ますので安心してください。

あなたの内側は、あなたに気づいてもらえることをずっと待っていますから、今がそのタイミングです！（大事なことなので2回書きました）

自分の価値を思い出すこと、あなたがそのままで価値のある人間だと思い出す時間を存分に楽しんでください。それが、あなたが心から望む理想の相手と愛し合って結婚することにもつながっていますから♡

自分への言葉に愛を込める

ごめんねワークをやっていただいていかがでしょうか？

見てわかるような具体的な変化を感じられない人もいらっしゃるかもしれませんが、なんとなく心が温まる感覚や、自分から応援されたような気分だったり、自分を否定しなくてもいいのかもしれないとふんわり思えていたら、実はすでにすごく大きな変化をしています。

自分がふだん何げなく考えていることは、本人には当たり前すぎてなかなか気づけないのですが、ごめんねワークのような〈異物〉を投入すると、これまでの自分がいかに自分に冷ややかな対応をしてきたのか、どれほど自然に自分を蔑み見下してきたのかを自分の内側から教えてもらえるんです。

それが、温かい感覚や内側から応援されている感覚です。

私たちの内側は、愛だけだと思いませんか⁉

ほかのだれかに守られたり応援されるよりも（それももちろんうれしいし大事だけど）、自分の内側とつながることのほうがカンタンに安心できるし心が安定します。なぜなら私たちの内側は、ずっと私たちの味方で、ずっと支えてくれる存在だからです。たとえ大きな失敗をやらかしても、やろうと決めたことができなくても、自分を蔑みたくなったときさえも、「何を思ってもＯＫだよ」という愛で私たちを見てくれているんです。

謝罪と感謝をするうちに、こんなに心強い応援団が自分の中にいることがわかるようになって、私が次にしたことは、本当に望んでいた自分になることを自分に伝えることでした。

それまでの私が思ってたことはこんな感じ。

「この歳で婚活したって、どうせ無理じゃない？」

「頑張っても叶わなかったらショックでかっこ悪いから、最初から頑張らないし願わないし望まない」

「欲しいと望んで貪欲だと思われてもいやだし、望むこと事態がはしたない」

「欲しいと思ってないのに手に入るくらいのほうがかっこいい」

うん、これじゃあ願いは叶わないわ（笑）。

でも、これもしかたのないことなんです。当時は願いが叶う理由を知らなかったから。そこで新たに、私が望む自分はどんな女性なのかを考えました。

「理想通りの男性に愛されて結婚する女性」（これまでにも何度か書いていますね）。

これがそのときのいちばんの望みだったので、そうなりたいことを自分自身に伝えました。

「私は理想通りの人に愛されて結婚できるよ」
「私は愛する人に愛されて結婚する価値のある女性だよ」
「私は素晴らしい女性だよ」

自分自身に、こんな言葉を、これまでの人生でかけたことがなかったので、最初は違和感を覚えることもありましたが、自分の内側から「どんなあなたもすべて素晴らしい」という温かいエネルギーを受け取っていたので、だれに聞かせるわけでもないしと開き直り、徹底的に、しつこいほど自分に愛の言葉を送り込んでいきました。

自分にかける言葉がネガティブな蔑みワードばかりだったところから、真逆の、愛を込めた言葉ばかりに変えること、それはこれまで自分で自分を傷つけてきたことへの謝罪の気持ちもありました。

素直で可愛げのある私が現れた

数週間ほど集中して、意識的に自分に愛を込めた言葉をかけ続けた結果、私がこれまでの人生で「フツウこうだよね」と思ってきたことが、実は「フツウ」ではなかったのかもしれない、と気づくようになりました。

「女性は若いほうが価値がある」

世の中や婚活市場にいる人たちの意識に、こうした価値観がありますよね。実際にはそう思わない人も多いのですが、一般的な考えとしていまだに根強くあるような気がしますよね。マスコミの言葉など、実態のない意識に振り回されている人も多いし、私も過去はそうでした。

ですが、自分に、

「私は理想通りの人に愛されて結婚できるよ」

「私は愛する人に愛されて結婚する価値のある女性だよ」

「私は素晴らしい女性だよ」


こうした声がけを続けるうちに、フツウこうだよね、という考えにとらわれなくなったのです。


若い女性を好む人もいるだろうけど、そうじゃない人がいたっておかしくない。

現に40代同士で結婚してる人たちだっている。

理想通りの人が独身で、結婚したいと思っていて、そんな相手に愛されることがあってもおかしくはない。


ごめんねワークをするまでは、「そんな人いるわけない」が私のフツウだったのですが、そのフツウがフツウではなくなりました。そして世の中のフツウを自分に当てはめる選択を捨ててもいいんだと思うようになりました。

それもこれも、自分に謝ったことで、徐々に自分の心の扉が開いていき、自分が心から望むものがわかるようになった。すると、それを自分に与えたいと素直に思えるようになった。ごめんねワークをしてから、私、そしてたくさんの受講生に起きた変化です。

自分の中のフツウが変わると、何が起こるでしょうか。

自分に起こることが変わり始めます。目の前の現実が変わるんです。

多少の時間差はありますよ。

私が最初に気づいたのは、電車やショップなどですれ違う男性（子どもからお年寄りまで）がこぞって優しくなったこと。たぶん、私自身の顔が緩んだからだと思います。以前はもっとしかめっ面で歩いていた気がします。顔が緩んだからこそ、話しかけやすくなるんでしょうね。私の場合はナンパされたことはないのですが（笑）、受講生からは「ナンパされた」「声をかけられた」などとよく聞きます。

職場では、男性社員の私への態度が（もともと悪くはなかったですが）さらに優しく丁寧になりました。部内に女性が少なかったのもありますが、わかりやすいところでは重い資料の山を運んだり配ったりをこちらがお願いしていないのにやってくださるようになったり、ほかにもいろいろ助けていただきました。

たぶんこれも、私の顔が以前よりずっと緩んでいたからでしょう（笑）。


自分が自分にどんな言葉をかけるか？

それが何よりも大事だということを、実生活が変わるにつれて強く実感しました。

そして私の中からは、もっと強い感情が表れるようになりました。

「ひとりの生活も自由で十分楽しかったけど、やっぱりさびしい！　これからもずっとひとりの生活なんて、つまらないから絶対にいやだ!!!」

私はひとりがさびしかったんだ……と、これまで見て見ぬふりをしてきたさびしさを素直に認めるようになったこと、これも自分の心が開いたからだと思います。


だれかと一緒に生きる人生を体験してみたい！　その相手が理想の人ならなおうれしい！と言葉に出せるようになったことでも自分の変化を感じましたね。

それまでは親友にも「いい人がいたら結婚したい」としか話してなかったのですが、

私が真剣に婚活して結婚したいと話したら、本気で応援してくれました。

親も同様で、私の活動を応援してくれました。

自分の本音をさらけ出すと、周りの大事な人ほど真剣に応えてくれることがとてもうれしかったし、素直で可愛げがあるって最強だということがだんだんわかってきました。

そうそう、先ほど、

「女性は若いほうが価値がある」

と書きましたが、女性が若さなら、男性の場合は年収や身長が高いほうが価値がある、といったところでしょうか。

女性には女性の、男性には男性の悩みがあるんですよね。

30代の前半で婚活していたときはわかりませんでしたが、夫と出会うことになった39歳での婚活では、自分自身に応援されていることを実感し、自分を信じられるようになり、肩の力がぬけたことで婚活自体が楽しくなりました。すると、以前は自分のことばかりで周りが見えていなかったのですが、婚活の場にいる男性も女性も、結婚相手に出会いたくて純粋に頑張っているんだなぁ……、頑張ってるのは私だけじゃないんだ、お互いに頑張ろうね!!と思えるようになりました。

そんなやさしい気持ちで婚活していると、いやな人に出会わないので精神的にも楽で、出会いやメッセージのやりとり自体を楽しめました。


このように、ごめんねワークが私に与えてくれた効果は絶大でした。

「理想の人が私を選んでくれるの?」への処方箋(しょほうせん)

さて、ここまでいくつかご紹介したワークをやってくださっても、自分が理想の人と結婚することを信じられない思いが強いという方もいらっしゃると思います。

最初は自分の気持ちを保てたけど、時間が経つほどにテンションが下がってしまう人もいますね。

「婚活のモチベーションが保てません」なんて言葉もよく聞きますが、そうですよね。

国から「今年中に結婚しなければ全財産没収します」と言われているわけでもなければ、だれかに「結婚相手に出会わないなら二度と家族に会えない」と脅されているわけでもありませんから。

だれにも「結婚」を命令されていない状態だから、婚活するモチベーションが続かないってぼやきたくなるのもめちゃくちゃわかります。

ただ……理想通りの男性に出会うことも、その前に結婚すると決めることも、あなた以外のほかのだれにもできないことなんですよね。

婚活のモチベーションが保てないという人の場合は、そもそも結婚することを決めてない場合が多いので、自分の気持ちをつくるところから再スタートしましょう♪

そのほうが早く結果が出ますよ。

「理想の人と出会えたところで、そんな人がこの私を選んでくれるのかな……？」

これもまた、あるあるな疑問というか、心配・不安ですよね。

痛いほどわかります。

その心配や不安に効くとっておきの処方箋があるのですがその前に、第1章でご紹介した不安を見つめるワークをしましょう。

それをやった上で（戻るのがめんどうならいきなり始めてもOK）、処方箋〈脱心配ワーク〉にいきましょう。

「理想の人が私を選んでくれるの？　そんなこと本当にあるの？」

こんな考えにとらわれるあなたはおそらく未来予測が好きなタイプなので、いったん「現実に戻る」時間を増やすことで心配や不安からスルッと抜けられます。

具体的にやることのオススメは、「すでにあるもの」を数えることです。これは非常に地味なワークですが、どのワークよりもカンタンに安心感を感じられる強力な体験が得られるので、不安や心配がない人にもやってもらいたいです。

むしろ不安や心配がない人はもうやっているかもしれませんね。

あるものを数えよう

私はまだ理想の相手には出会っていない。それでも元気で健康で本を読むための目がある。

老眼は進んでいるけどリーディンググラスがあればまったく問題ない（アラフィフ以上向け）。

これまで知らなかった「理想の相手に出会う方法」がわかった。これまで知らなかったことをひょんなことから知ることができた。これだけでもすごい変化。

理想の人が私を愛さないかも？　こうした心配をもてる私ってすごい。これまでは理想の人に出会えるとも思っていなかったのに！

さらにはこうした悩みがもてる余裕。生きることさえ必死ならこの悩みをもつこともないだろう。

食べ物に困っていない私ってすごい恵まれてる！

今日も暖かい部屋のベッドで眠ることができるなんて、私ってすごい恵まれてる！

こんなふうに、自分にあるものをノートやスマホに書き連ねてみてください。「ある」を見ることができる感受性の豊かさを自分がもっていること。そして自分が今、とても恵まれていることを感じてみてください。

「ない」に目を向けると不安や恐れが自分の心を支配しますが、「ある」に目を向けるとその瞬間だけでも心がふっと軽くなりませんか？　その軽くなる感じを積極的に何度でも味わってほしいんですよね。

なぜなら、あなたの心にある強い感情をもとに、明日のあなたがつくられるからです。


理想の人に出会えても、選んでもらえなかったらどうしよう？

まだ起きてないこと、未来のこと、でも実はあなたのすぐ近くに来ていること。だから不安になるんですよね。

不安を感じる自分を受け入れてあげつつ、近い将来、理想の人に選んでもらえる現実が起きるかもしれないとワクワクしながら日々を送りましょう！

Chapter

3

圧倒的に
婚期を早める！
秘密のワーク

あなたの人生の主役が親になっていませんか？

婚活塾などの受講生に取り組んでいただくワークの中にこんなものがあります。

①これまでに自分が得てきたものは何ですか？
②感謝したいことや人、ものは何ですか？

ワークの回答をたくさん書かれる受講生も多いです。自分が努力して得たものや、頑張って続けてきたこと、過去の経験で得た喜びや、仕事での成果、人間関係の豊かさなど、これまでの人生でたくさん受け取ってこられて、ワークの回答を拝見するたびに素晴らしいと思うんです。

感謝したいことや人のワークでも、過去の経験から得た感動とともに、関わりある人たちへの感謝も思い出し、一人一人の人生がそれぞれ彩り豊かで、真摯に丁寧に生きてこられたことがよくわかります。

周りの人たちに感謝する感受性の高さや、自分自身にもありがとうと感謝の気持ちをもてる愛の深さをおもちの方が多いですが、同時に、自分はこのままで愛されるだろうか？　もっと〇〇でないとダメなのではないか？　〇〇しないといけないのではないか？と、自分そのものの価値を見いだせずにいる人も、実はとても多いのです。

あなたはいかがですか？

「素の自分が理想通りの人に愛されて結婚する」という揺らぐことのない確信があるでしょうか。

そうである、と思い込もうとしてもすんなりそうならない人がとても多い印象です。

私がアラフォー以上の女性に婚活方法を伝えるセッションを始めた頃は、理想の人リストの作成とイメージングの方法、ネット婚活での活動のしかたを中心に伝えていました。

それだけでご結婚される方もいましたが、多くの受講生のお話を聞くにつれ、受講生がご自分の両親をどう見ているのか、これが結婚に大きく影響しているのではないかと思うようになりました。

自分を生み出した親をどう見ているのか。

ここで少し時間をとって、自分が親をどう見ているかを考えてみてください。

いろんな思いがあるのではないでしょうか。

親が好き／嫌い、尊敬できる／できない、親と性格が合う／合わない、感謝はできるがいやな部分もある、親を恨んでいる、父の（母の）あのときの言葉や態度が許せない、親を小馬鹿にしている、見下している、長い期間会っていない、しょっちゅう会っているし連絡もまめにしている、母のように家事ができない私はダメだ……。

あなたが両親を思ったときに出てくる感情に良い／悪い、正解／不正解はいっさいありませんので、全部出してみてください。

どうでしょうか。ポジティブな思い、ネガティブな思い、さまざまな感情が湧き出てきたのではないでしょうか。

ただ理想の人と結婚したいだけなのに、なんで親の話が出てくるの？と思う人もいるかもしれませんね。

ですが、親との関係の滞りをクリアすることが、アラフォー以上の女性が理想通りの男性と結婚するために大事なことなんです。アラサー世代でも同様です。

婚活塾や個人コンサルで多くのアラフォー・アラフィフ女性とお話しして、受講生が自分の親をどう見ているか、そしてその見方を変えられるか否か、それが結婚と直結していることがだんだんわかってきました。

親との関係にネガティブな思いを抱えている人の場合、ここでもう本を閉じたくなるかもしれません。

しかしこの本では、親を受け入れて許しましょう、と言いたいわけではありません。親とはどういう存在なのかを知ってもらいたいんですね。

なぜ「素の自分には価値がある」とすんなりと思えないのか、なぜ、昨日は思えたのに今日は思えないのかも、親をどう見ているかということと大いに関係しますので、あわせて説明しますね。

この本をお読みくださるあなたはきっと、今の自分がこの世にあるのは両親のおかげだと思う愛の気持ちをしっかりとおもちで、（たとえ親を好きではなくても）両親に感謝する気持ちもたくさんあると思います。

ひとり暮らしを経験した人なら、これまで当たり前だったことは全部親がやっていたことだとわかったり、寝る場所があることは当然ではなく親が用意してくれていたからだと気づいたり。

働きながら家事もするなんて大変すぎると実感して、親の家事のポテンシャルの高さに驚く人もいるかもしれません。

ご実家にお住まいだとしても、頭では親の大変さも知っていて、ありがたく思っている人も多いと思います。

でも、心のどこかで親が子どもを養育することが、親の当然の仕事だと思ってはいないでしょうか。

親がしてくれたことに感謝はできるけど、親が子を養育するのは当然の仕事だからこそ、子ども時分に親にしてもらえなかったことや期待とは違ったこと、自分の望み通りではなかったことなどに、大人になった今も不満を感じてはいないでしょうか。

これまでの親の教育を「自分の親ならもっと○○すべきだった」という審判目線で見ていないでしょうか。

母から父の悪口や愚痴を聞かされ続けた恨みをずっとひきずっていないでしょうか。

子ども時分に聞いた母の愚痴を大人になってからも更新せずに、今でも父をダメな人間認定し続けていないでしょうか。

父が浮気などで母を傷つけたことを受け、心のどこかで今も母の代わりに父を恨み続けていないでしょうか。

母を（父を）自分より弱く頼りない人間だという目で見続けていないでしょうか。

父に傷つけられた母を、かわいそうな女だと決めつけていないでしょうか。

行き過ぎた厳しい教育に辟易した経験から、今も親を恨んではいないでしょうか。

親の教育が間違っていたことを証明しようとして、かたくなに幸せになる選択をしない自分がどこかにいないでしょうか。

親よりも自分が正しい、と思い続けていないでしょうか。

このような経験や感情をもっていた受講生がたくさんいましたし、大人になった今、新たに両親との関係で悩み続けている方もいらっしゃいます。


私は、両親とのことで苦しんだり、悩み続ける人は、自分のこと以上に親を大事に思っていると思うんです。

自分の意見よりも、親が自分をどう思うかが人生での大事なこととして、親に自分のことをわかってほしいという気持ちが強いのではないかと思います。

ですが「自分をわかってほしい」という気持ちをそのまま素直に親に表現しない人のほうが多い印象です。

「自分をわかってくれるのが親である」という意識が少なからずある子どもがほとんどではないでしょうか。

わかりやすくするために極端に書くと、「親なら自分をわかるべき」と信じ込んでいるとも言えます。

「こうであってほしい」という望みが子どもから親に向くと、「私の親ならこうあるべき」となりやすい気もします。

「わかってほしかった、こうしてほしかった」、こんな思いが募っていつのまにか、「私の親なら私のことがわかって当然」「親ならこうあるべき」に変わっていないかどうかをチェックしてみてほしいなと思います。

まずは怒りを出し切ることが大事

親との間で今も傷が癒えない方は、この先を読む前に次のワークをやってみてください。

私には関係ないと思う方も、このワークが引っかかるなら関係ある可能性がありますのでぜひやってみましょう！

怒り発散ワーク

怒りに関してだけでなく、自分が感じたことが私にとっての正解だと思えるようになるワークでもあります。

今も親との関係でわだかまりがある方は、表面上は親と仲良くしていたり、従順であっても心の中では何かしらの違和感があるはずです。

親の教育やこれまでの会話などで、怒りを覚えるけど言えなかったことや、後になって頭にきたことなどを、今ここで全部出しましょう。

もう昔のことだから覚えていないのであれば、覚えているかぎりでいいです。

〈例〉

- こんなに家族のためにいろいろ頑張ってきたのに、私の〇〇歳の誕生日を忘れてたなんて許せない!!!
- 小学校の頃太っていた自分を、近所のママ友と一緒になっていじめてきた母親の態度や言葉が許せない!!!
- あんたが〇〇ちゃんみたいにかわいかったら……という言葉にどれほど傷ついたか！　許せない！
- 〇〇ちゃんのようにもっと頑張りなさいなんて！　うるさい！　人と比べるな!!!
- いつもお父さんやおばあちゃんの愚痴を聞かされて、かわいそうだと思ったからお母さんが幸せになるようにお母さんの味方をしてきたのに、見返りが全然ない!!!
- 親の借金を返すために頑張ってきた私は何なの？　何でこんな無責任な親の元に生まれたの？
- お母さんとお父さんがいつも言い争いをしているのが本当にいやだった。ああいうの、見たくなかった!!!　大人のくせに子どもに気を使わせるな！

たくさんあるならこんなふうにどんどん出しましょう。

そして、その中のいちばん許せないことをピックアップして（全部許せないなら全部でOK）、怒りをしっかり感じます。


怒りをお酒などでごまかすのではなく、当時の自分の怒りや悲しみを、大人になった今の自分が感じてあげることがポイントです。

方法としては、枕やクッションなど自分の手が痛まないところでボコボコにする。クローゼットの奥やカラオケボックスなど、大声を出しても心配されたり通報されないところで発狂する。

これを気が済むまでやります。

当時の自分が感じた怒りや悲しみが今も残っているから違和感になるので、そのときの自分を思い出しながら、一緒に泣いてあげたり怒ってあげるのもオススメです。

自分に価値がないと信じ込むカラクリ

受講生に、「親の仕事は私たちを生んだ時点で終わってますよ」と言うとたいてい驚いた顔をします。

たしかに人として、生んだ以上は養育する義務はあるかもしれませんが、だとしたらここまで大きく育った私たちの親は、十分に義務を果たしていると言えます。

私が受講生に「親の仕事は私たちを生んだ時点で終わっていますよ」と言う理由は、親がただの人間でしかないということを〝自分事〟にしてほしいからです。

親は、自分自身と同じ人間で、同じように失敗するし、間違えます。わからないことだらけで、恥ずかしい気持ちもあります。

自分の親とはいえ、年齢は上だけど、自分より何でもわかるわけでもできるわけでもない。親は自分と同じ〝人間〟だからです。

だから、はっきりと言わなければ伝わらないことばかりです。

自分が生んだ子だからといって、エスパーではないので心は読めません。

あなたがやってほしいことの、本当のところはわかりません。

でも赤ちゃんだった頃、朝から晩まで親がめんどうを見てくれていた間は、私たちは何でもやってもらいました。赤ちゃんで自分で自分のめんどうを見られなかったからです。

それを、今も引きずっていませんか?


親の教育方針に納得がいかなかった受講生もたくさんいました。そうですよね。特に厳しいご両親の元に育った方は、大変だったと思います。

私が思うに、親の教育も、そのときの精いっぱいだったのではないかな?ということなんです。

自分の子どもが幸せであるように、という気持ちがなければ到底養育できないと思います。

そして、親は自分が育てられたようにしか方法がわからないんですよね。それでも育児書などを読みながら、そのときにできることを精いっぱい頑張ってくれたのかもしれない、という視点を、これまでもっていなかったなら、もってみてもいい頃ではないでしょうか。

私が両親に関して思ったのは、親子で誤解し続けていたのではないか、ということ。親はよかれと思って私に言うんです。

「早く結婚しなさい」
「いい人、いないの？」

でも私はそれがウザかった。心配しているのはわかるけど、くわしく話さなかったり、言葉をスルーしたりしていました。

でもあるときこれ以上うるさく言われたくないと思ったので、はっきり伝えたんです。

「心配してくれてありがとう。私は今真剣に婚活している。結婚したい人に出会ったら必ず紹介するから、それまで何も言わずに待っていてほしい」

そしたら母は安心していましたし、それ以上何も言ってこなかったんです。

自分の意見を親にしっかり伝えだすと、子どもの頃は意見を言えない（聞いてもらえない）ことから始まる思い違いがもっとあったような気がしました。

思い出したのは、中学生の頃。

夜に勉強机で寝てしまって、親に起こされてお風呂に入って就寝する、ということがよくありました。

ある晩、宿題をしながら寝てしまったけど、その後起きてまた宿題の続きをやっていました。父が部屋に入ってきて「今また寝てたんじゃないの？」と言われたので、「起きて宿題やってたよ」と言っても信じてもらえませんでした。結局口ゲンカになり、私は「寝てないよ！」と言い張ったので、最終的に父から軽くビンタされたのですが（最初で最後だと思う）、そのあと鏡で自分の顔を見たら、どう見ても寝起きの顔だったんですよね……（苦笑）。

だから最初に父から注意されたときに「さっきまで寝てたけど、もう起きて今は宿題やってたよ」と話せばよかったんです。でも、私にとっては「前は寝てたにしろ今は起きているから注意される筋合いはないぜ！」という姿勢で「起きてた！」と言い張ったから、ビンタされたんですよね。35年以上前のことですが、父はまったく暴力的なタイプではないので、あの日はビンタまでさせてしまって申し訳なかったなぁと今は思っています。

受講生と両親について話すとよく出てくるのが、お父さんを見下していること。実際には、見下している意識もない人が多いです。私も過去、そういう部分があったのでよくわかります。

異性であるお父さんには、お母さんに対してよりもさらに期待する気持ちが大きいんですよね。

だから、自分が大人になればなるほどお父さんを減点法で見るようになる。

実はこれが、婚活がうまくいかない大きな理由のひとつでもありますが、その前に「自分に価値がないと信じ込むカラクリ」を説明します。

先に「親の役割は生んだだけで終わり」だと書きました。そう考えたほうが人生が生きやすくなるからだけでなく、私たちが生まれた理由にも関係します。

私たちは縁あってお母さんの子宮で十月十日育まれ、「もうここには飽きたしお外に出てみたい！」と自分で決めてお母さんから飛び出します。「今回の人生では、喜・怒・哀・楽……さまざまなことを体験したい！　それが肉体をもつ人間の特権だから。どんなことがあるのか楽しみ！　ワクワク！」

こう思ったから、安全安心でヌクヌクの子宮から生まれ出たんですよね。だから、自分を幸せにするのもしないのも、すべて自己責任なんです。元の私たちは、自分で自分の責任を取りたくて生まれているんです。

これまで、親に期待し続けて、期待を裏切られてきた経験をした人もたくさんいると思います。期待するのは、親には役割がたくさんあると思っているからなんですよね。

親は子どもである自分を幸せにするべきだとかね。

親は、私たちを生み出しただけで終わり、にもかかわらず私たちにさまざまなことをしてくれています。

私たちがこの世にいるのは、親がいたからです。

逆に言うと、親がいなければ私たちはここにはいません。

「生んでくれとは頼んでない」と思う人はほとんどいないと思いますが、もしそう思う人がいたなら、すでにこれまでに楽しい人生経験もたくさんしていると思うので、その段階はさすがに卒業してほしいです。

親がいたから私がいる。親が先で、存在する場が私たちよりも上です。

（ここで注意。親が立場が上だから何でも言うことを聞かなければいけないという意味ではないです。親に意見があるなら、そのまままっすぐ伝えてください。言えないなら手紙に書いて渡してください）

上だから親が偉いとか上司的な立場ということではなく、生命の順番のことです。

この生命の順番が、私たちが潜在的に大事にしていることなんです。

たとえ親がどんな人間だったとしても、自分よりも存在する場が上の人を、ディスったり、見下したり、弱いもの扱いしたり、軽蔑（けいべつ）すると、私たちの心に罪悪感が生まれ、心が重くなります。

そうなる理由を、私はこう思います。

本来、私たちはみな、親を愛したくて生まれてきた。
自分をこの世に生み出してくれた親を尊敬したいと思っている。

だから私たちの中にはこのような信念がある。

「親を見下すこと＝悪いこと」
「悪い子である自分には価値がない」

そして、子どもが親に期待するのは自然でしかたないこと。

だから、人によっては「親よりも自分が正しい」ことの証明を頑張ることに人生を費やします。
親を見下したり弱いもの扱いしている私は悪い子だ、という信念から、罪悪感が生まれます。でも、通常はその罪悪感に気づきません。

無意識です。

無意識でも罪悪感があるなら、自分で自分を幸せにすることができません。

自分を幸せにするために行動することができません。

すんなりと「私がどんな人間であっても愛される価値がある」とは思えません。

「自分は悪い子だから、このままの自分には価値がない」と思い込んでいるからです。

「理想通りの男性と結婚する」と自分を信じることもできません。

最初はできたとしても、時間が経つと知らず知らずのうちに元に戻ります。

具体的には婚活の行動を起こす気になれなかったり、行動してもうまくいかないとすぐにやめたり、出会った男性や婚活の場などに問題があると思い込みます。

また、私もそうでしたが、親をディスっていることで自分に罪悪感が生まれていることにまったく気づいていません。

でも、なんとなく心が重く苦しいので、自分を救いたいと望んでいます。

親との関係に悩む人は、本人に問題があるのではなく、過去に起きたことの捉え方が少しずれていて、かみ合わせが悪いまま今に至ることが多いのですが、学校では学びませんしだれかに教えてもらうこともないので、わからなくてもしかたないんです。

なので、かみ合わせのずれを解消していく必要がありますが、それはあとで受講生の例を挙げます。

今は、自分を生みだした親を見下すと、自動的に罪悪感が生まれ、罪悪感がある限り自分を幸せにしないようにする、これだけ知ってください。

ここで、多くの人が陥るワナをご紹介します。

「私は親と仲が良いから大丈夫！　この話は自分には関係ない」という意識です。

お伝えしたいこの内容は、親と仲が良いとか悪いとかはいっさい関係ありません。

親が嫌いでも問題ありませんし、親と長年会っていなくてもまったく問題ないです（親を好きでいなければいけないことはありません）。

そんなうわべのことではないんです。

親と仲が良くても、親を見下している人・弱いもの扱いしている受講生はたくさんいました。

なので、仲が良い／悪いではなく、親をどのように見ているかを思い返してみると、これから先に書くこともさらにご自分の婚活に反映していけますよ！

お父さんを減点法で見る人は婚活がうまくいかない

お父さんだけではなく（男兄弟がいる場合は、兄でも弟でも）会社の同僚や上司に対しても同じです。

自分の身近な男性をどう見るか、これが出会う男性に対して思うことと同じなんです。

お父さんを見下すなら、出会う男性を見下します。

いいと思う人のことは見下しませんが、男性を見る目が非常に厳しいです。

お父さんのやることなすことを減点法でジャッジする人は、上司も同僚も、そして婚活の場にいる男性も減点法で判断していきます。

この人は私を幸せにする人か否か、という判断です。

男性を見る視点の基本が、お父さんなどの身近な男性だからです。

こんなに感じの悪いことを書く理由は、減点法で見ることが当たり前になっている人が多いからなのですが、減点するのが通常で、悪気はないんですよね。

お母さんやお姉さんなど、ご家族の影響もあるかもしれません。

私は人生や婚活がうまくいかないときは必ず、これ以上ないほど男性を減点法で見ていましたが、これは親の影響ではなく私の性格です（笑）。

他人を減点しているときは、自分自身も減点法でしか見ることができないので、うまくいかないことがあると自分にダメ出しします。

自分にダメ出しすると、当然前向きな気持ちになりづらく、やる気が起きない・続かないという状態を繰り返しました。

大学時代からの親友は25歳で結婚しましたが、彼女は人の良くない部分にあまり気づかないタイプの人間でした。そこが魅力で、人の良くない部分にすぐに目がいってしまう自分には真似（まね）できないことでした。

あとになって思うと、彼女が早く結婚したのも当然ですね。

お父さんに期待しているからこそ、見る目も厳しくなりがちですが、「親の役割は生んだだけで終わり」という考えを受け入れると、必要以上に厳しい目で見ることが減っていきますので、ぜひこの考えを取り入れていただければと思います。

誤解してほしくないのですが、人の良くない部分に目がいくことが悪いわけではないです。人が気づけない部分に気づける才能があるということですから。

その才能を、だれかをジャッジするために使うのをやめればいいのです。

私自身が婚活などで出会う男性をジャッジしなくなったのは、のちほど書く親への謝罪ワークをしたからです。

あなたがもしも男性をジャッジすることに悩んでいるなら、そのワークをすると意外にスルッとやめられますので安心してください♪

親に感謝するだけでは弱い理由

この項は、本章のなかでも特に説教くさく感じる人が多いかもしれませんので先に謝ります。ごめんなさい。

あなたは間違いなく人生経験を積まれているでしょうし、私より上の年代かもしれません。「生意気な！」と思うかもしれません。

講座やセミナーでも、私より年上の受講生もたくさんご参加くださいますが、「人生の先輩に、ほんとすみません」と言いながらも率直に厳しいことをお伝えしています。

親に感謝、これはきっとあなたも十分にされていると思います。

だれもひとりではここまで成長できないので、子どもの頃お世話をしてくれたことだったり、教育にお金をかけてくれたこと、住む家を用意してくれたこと、ご飯を食べさせてくれたこと、洋服を買ってくれたことなど、目に見えるわかりやすい部分だけでも育ててくれた親は感謝に値する相手だとわかります。

親に感謝しているし、仕事上でも自分ひとりではなにもできないので周りの人たちに感謝している、という人も多いですが、深い気づきをおもちで素晴らしいと思います。

先に、「罪悪感があると自分が自分を幸せにすることができない」カラクリを書きました。

親を見下すと、自動的に自分のなかに罪悪感が生まれるという話です。

親に感謝すること自体は、親を見下していたとしても、親を上から目線で見ていたとしてもできます。

なので、「親に感謝しているから十分」という考えがあるならそれを捨ててください。

感謝はこれからもどんどんしてほしいのですが、感謝だけでなくもう一押しがあると、あなたの人生（恋愛・結婚・お金・人間関係などすべて）が劇的に変化します。

もう一押しとは、親に謝罪することです。

「親に謝る⁉　謝ってほしいのは私のほうよ‼」

今、こんなふうに拒絶反応が出た方もいるかもしれませんが、大丈夫です。

まず、直接謝るわけでないので安心してください。

そして、同じように拒絶反応が出た受講生ほど、これから述べるワークをやっていただいた数か月後には結婚していることもお伝えしておきます。

このワークも婚活中の方には必ずやっていただきたい推奨ワークのひとつです。

圧倒的に婚期を早める！ 親へのひっそり謝罪ワーク

これまでの人生で積もり積もった親への不満がある人は、親のほうから謝ってほしいと思っているかもしれません。

もしそうなら、それを親に伝えるのも一案です（ご存命ではない場合は心で伝えるだけでいいです）。

親は、今の自分より若い年代で子育てしていることがほとんどです。

だから間違えることも多々あるでしょうし、親がそのとき「必要だ」と信じた道が、子どもには受け入れられないことも山ほどあるでしょう。それを頭ではわかるけど、心がついていかない人もいます。

親に「あのとき言われたあの言葉が今も自分を苦しめている」と伝えることで、親はその言葉を覚えていなかったとしても、謝ってくれることもあるかもしれません。

自分の中に強い苦しみをもちながらでは、これからお伝えするワーク自体がつらい経験になるかもしれませんので、108ページに書いた〈怒り発散ワーク〉を十分にやることも、あなたにとって大切な時間です。

親へのひっそり謝罪ワーク

ひとり静かにいられる落ち着いた時間を自分のために用意します。

寝る前の静かな時間でもいいですし、湯船につかっているときなど特にオススメです。

両親に対して、謝りたい過去の経験がある場合、心の中でひとつずつ謝っていきます。

「お父さん（お母さん）あのときウソをついてごめんなさい」
「お父さん（お母さん）あのときひどい言葉で傷つけてごめんなさい」
「お財布から小銭を盗んでごめんなさい」
「妹に罪をなすりつけてごめんなさい（同時に妹にも心で謝る）」
「わがままを聞いてくれて買ってくれたものを壊してごめんなさい」
「お父さん（お母さん）ずっと見下してきてごめんなさい」
「お父さん（お母さん）弱い者扱いしてきてごめんなさい」
「お父さん（お母さん）かわいそうな人間だという目で見てごめんなさい」

こんな感じですが、「親に謝る」ができていれば自分にしっくりくる形に変えてかまいません。

心の中での親への謝罪は、3週間ほど毎日続けてください。
すると自分をがんじがらめにしていた罪悪感がほどけていきます。
自分をとりまく鎖がバラバラとほどけるイメージをしてもいいでしょう。

3週間もすると、わかりやすいところは外見に変化が出てきます。顔の表情が柔らかくなり、笑顔や笑いが出やすくなるんです。多くの受講生の意見から、自分よりもほかの人のほうが変化に気づきやすいこともわかっています。

「最近いいことでもあったの？」
「なんだか楽しそうだね」

などと、周りの人から言われることが多くなるようです。
また、心の中での謝罪ではなく親に直接謝りたいという望みが出てきた場合、もちろんかまいませんが、その際に「これまであなたを見下していた（バカにしていた）」という言葉を使わないでくださいね！

謝ることがあるとしたら？という意識

両親に対して謝ることがない場合は、「親に謝ることがあるとしたら何だろう？」という質問を思い浮かべてひとりの静かな時間をもちます。

その上で自分にこう言います。

「もう、頑張って親に勝とうとしなくていいよ」
「親の上に立とうとしなくていいんだよ」
「お父さん（お母さん）ごめんなさい」

この本に巡り会ってくれたということは、あなたは潜在的にこのワークをやりたいと思っています。

最初は「親に心で謝ること」に違和感を覚えるかもしれませんが、ぜひやってみてください。

3週間続けることで、新しい世界に移行できます。

それは、無意識の罪悪感を払拭（ふっしょく）して、自分の願いを遠慮なく叶えて、自分が自分を幸せにしようと思える世界です。

親をどこに置くかで人生が決まる

「あんなにひどい親を許してやった」「親を許したいけどいまだに許せない」と思う人がいるかもしれません。

私は、親は許しを与えるような存在ではないと思っています。

「許し」自体が、上の立場から下の立場に向けて行う行為だからです。

親に対して許す・許せないと思う人は、無意識に親を自分の下に置いています。自分が正しく、親が間違っている、と思っています。

これまで書いたように、親が先に存在しているのは事実で、この世に誕生すること自体を選んだのは自分です。

でも親を自分より下に置くことや、上から目線で見ることが当たり前になると、常に無意識の罪悪感がつきまとうことになり、一生目に見えない苦しさから逃れられません。

いつも自分の正しさを証明することを頑張り続ける人生になってしまいます。

自分が幸せではないのは親の教育が悪かったせいだと証明するために、いつまでも自分の幸せを選択できません。

この苦しみから逃れるには、どんな親だったとしても、親を自分より上に置くことに限ります。

自分の親だから完璧であるべきだという信念を手放すこと。

それだけで生きやすい人生が手に入ります。そのために、〈親へのひっそり謝罪ワーク〉をやっていただきます。

「親に謝ることがあるとしたら？」という意識をもって、自分自身の幸せために、親に謝罪してみることをオススメします。

親の役割を見直すと愛に気づく

これまでにも書きましたが、親の役割は私たちを生んだこと、です。

頭ではわかるけど気持ちがついていかない、と思う人もいるかもしれませんが、自分がこの世を経験したくて自分の親の子宮を選んで育まれた、これが事実なので、納得できないかもしれませんが「そういうものだとしたら？」という視点を導入してみてください。

親は、自分の子どもを幸せにしたくてずっと悩み苦しんできています。

自分が過去経験して先々うまくいかないと確信していることを、子どもにはさせないようにするでしょう。内容はご家庭によります。

自分の親とはいえ人間なので、性格が合わないことも多々あるはずです。気が合わないことも理解し合えないことも山ほどあると思います。

それでも親は、自分なりに子どもを愛してきているのだと思います。

それがあなたにとって望ましい方法ではなかったとしても。

親は完璧でなければならない、という自分を苦しめるだけでしかない信念を捨てましょう。

そして「親が愛してくれていたとしたら？」という視点をもつ側に移行すると、自分の人生には愛しかなかったことに気づけますよ。

親子関係のかみ合わせのずれに気づくまでの実例

CASE 1 32歳受講生（受講当時）

3人きょうだいの末っ子。お父さんについて、家にいるとき、特に休日の不機嫌さにダメ出ししていた。お母さんからはよくお父さんの愚痴をこぼされていたので、お母さんを大事にしない、傷つけるダメなやつだという目線でお父さんを見ていた。

伊藤友美のアドバイス

お父さんは責任ある立場で仕事についてストレスも多大であること。自宅でしか本当の自分をさらけ出せない。両親や兄弟姉妹はあなたを喜ばすために生きているのではなく、皆それぞれ自分を幸せにするために生きている。お父さんが不機嫌だったことで、気を使ってきたあなたは素晴らしいが、お父さんは不機嫌でいる自由がある。まずは、当時の自分をよく頑張ったねと抱きしめてあげてほしい。

そして、お母さんはお父さんのことが好きなんです。だからお父さんの愚痴をこぼすわけです。好きだから今も一緒にいるわけですから。お母さんは不幸じゃないですよ。十分幸せですよ。お母さんのことを、かわいそうな女だと思っていませんか？

お父さんとお母さんに心で謝罪してみてください。

受講生の言葉

まさか母が父を好きだったなんて気づきませんでしたが、たしかにそうですよね……。今は子どもは独立し、夫婦二人で穏やかに暮らしています。

口数が少ない父のことを誤解していましたが、余計なことをしゃべらないというだけで、大事なことは必ず伝えてくれていましたし、子どもの頃からずっとかわいがってもらっていました。

親に謝ることがあるとしたら？という思いで謝罪を続けたら、紹介で出会った頼りないと思っていた彼が、実は無口なお父さんとまったく同じで、余計なことはしゃべらないけど聞けば必ず答えてくれるし、誠実で、大事なことは伝えてくれていたことに気づきました。

父に謝罪しなければ、彼のことを「頼りないやつ」として見下して、お付き合いに発展しなかったと思います。

謝罪して父を見る目がガラッと変わったことで、彼を見る目も180度変わり、真の理想の人が目の前にいたことに気づけました。

この受講生は、3歳年下のイケメンご主人と講座修了の1か月後にご入籍、現在結婚3年目。新居が完成したばかりです。

CASE 2

アラフォー婚活女性が親への謝罪から最短最速で結婚するまでの実例

38歳受講生（受講当時）

3か月継続コンサル受講前に不倫を卒業。不倫相手を見返すために婚活を始めたが自己流ではうまくいかなかったのでコンサル受講を決めた。

1回目のコンサルでご両親との関係をお話しくださったところ、子どもの頃、事業家だったお父様が事業を失敗、そのとき女性関係でお母様を泣かせたことがあったとのこと。

「亡くなった父に『どうせ稼げないくせに』と言ったとき、ビンタされたのを思い出しました。唯一父に手を上げられた経験です」

「お父さんに謝罪してくださいね」と伝えて数週間後、

「父のワークをして、最近自分が癒やされたのを感じます。父には泣いて謝りました。お父さんも必死だったんだと今ならわかります」

とおっしゃられ、異性の見方も変わってきたそうです。

この方は3か月継続コンサル期間中に、理想通りの男性（同い歳）と出会って結婚の流れへ。40歳、41歳でお子さんをご出産、現在ご主人と二人のかわいいお子さんを子育て中です。

CASE 3

40歳受講生（受講当時）

「好きだけど結婚は考えられない」という大好きな彼と別れられずにズルズルと同棲を続けていたが、このままでは幸せになれないと気づいて同棲を解消（したけどまだ関係は続いていた）。再度、本気で親と元彼などへの謝罪を始めたところ、自分を本気で幸せにしたいと思えるようになり、理想の人リストを作成、自分自身に愛の言葉（ありがとう、愛してるよ、絶対幸せになれるよ）を伝え続け、2か月後には元彼とすっぱり縁を切ることを決められた。

そしてご縁のあった結婚相談所に登録して2か月半で理想以上の彼からプロポーズされ、現在結婚2年目、頼れる年下のご主人と、愛あふれる幸せな日々を送られています。

なんとなく頭や体が軽い！

ご紹介したような、ワーク後にすぐご結婚する受講生以外にも、親へのひっそり謝罪ワークをやった受講生の人生には、さまざまな良い変化が起こっています。

「会社での人間関係の悩みがなくなりました！　なんであんなに上司を許せなかったのか今ではわかりません」

「親も不器用ながら私を愛していてくれたことに気づけました」

「なぜか頭や体全体が軽いんです。だれかに幸せにしてもらおうとしなくなり、不満をため込むことがなくなったからでしょうか」

「自分が勝手に幸せになればいいんですね！　他人に期待しないって、すごくラクですね！」

親へのひっそり謝罪ワークをすると、受講生はこれまでよりさらに精神的に自立されて、気づきもたくさん起きるようです。気づきの内容を聞かせていただくたびに、理解度の高さに驚かされます。

本来、自分の中にすべての答えがあるということが、受講生の反応でよくわかります。

だれかを恨んだままでい続けることは、ほかのだれよりも自分自身を幸せにしないんですよね。

謝罪で親や元彼などへの恨みを手放すことで、自分が自分を幸せにできることを実感します。この実感があると、婚活における姿勢も変わります。

彼がどれくらい自分を愛してくれるかというクレクレ目線よりも、私が彼を幸せにしたいという愛の意識が先に立つようになり、婚活自体がこれまでよりも楽しくなります。

そして、婚活を楽しんでいるあなたは、婚活の場だけでなく、愛される機会が格段に増えます（知り合いに男性を紹介されるようになったり、自然の出会いも増えていきます）。

自分を幸せにしたいと強烈に思う

これまで、結婚したいと思いながらもなぜか行動できなかったり、ネット婚活・アプリに登録するものの続かなかった人も多いと思います。

受講生からよく聞く言葉で「家族仲が良くなかった」「父と母の仲が悪かった」「結婚して自由を失うのが怖い」などなど、結婚したいから講座やセミナーを受けに来てくださっているにもかかわらず、本当は結婚したくないんだなぁと思うことは多々あります。

でも、そんな状態の人たちが、これまでにお伝えしたワークなどをやることで、「私も自分を幸せにしたい‼」と思うようになるんですよね。

私が思う、いちばん勇気が出て行動を起こそうと肚（はら）をくくれるときとは、「自分を幸せにしたい！」と内側からの望みが出たときです。

こういう状態にあると、たとえネガティブだと思えることが起きても淡々と願いを叶えるために必要なことを続けることができます。

闇雲（やみくも）に行動しても何も良いことをもたらさないばかりか、私と同じような婚活ウツ状態に陥るのは目に見えています。

そろそろ、あなたもワークをやってくださって、自分を幸せにしたい！と思えてくる頃だと思います。


では実際の行動の前の最後のワーク、理想通りの男性と出会って結婚したい人なら必須（ひっす）の「理想の人リスト」ワークについて、次の章で説明します♡

Chapter

4

真の理想の人は、全部自分に都合がいい

「私は私を幸せにできる、幸せにする」というパワーワード

第3章の最後で「ワークするうちに自分で自分を幸せにしたい！と思えるようになる」と書きました。ここで、まだそう思えないけど……という人に向けてお伝えしたいことがあります。まだ今の段階ではこういう人のほうが多いかな？とも思っています。

おそらく読んでくださる方は真面目な方が多いので、謝罪がまだ足りないのではないかとか、自分の中の罪悪感がまだ残ってるのでは？と心配していませんか？

でも、そんなことはないので安心してください！

あなたが十分謝罪したと思えているなら、それでもう大丈夫です。

そして、自分から能動的に「私は私を幸せにしたい！」とつぶやいてみてください。

やっぱりここでも、自分で言ってしまうやりかたです（笑）。

なぜ自分が自分に言うやり方をお伝えするかというとだれにとってもこれがいちば

ん効果があるからです。

実際、口に出してみると自分の中からパワーが湧いてくる気がしませんか？　自分から応援されている感覚を覚えませんか？

最初は違和感がある方もいると思いますが、こうした思いや言葉はすべて「言い（聞き）慣れているか」「言い（聞き）慣れていないか」の差ですので、ぜひ積極的に何度も口にして、慣れていきましょう。

慣れると、私が幸せなのは当然だという感覚にもなります。

こういうことを能動的にやること自体に違和感を感じる方にお伝えしたいこと。

待っていたらいつかだれかがそう思わせてくれる、ということは現実には起きません。待ちくたびれてさらにオトナになっちゃいます！（笑）

それに、この本を手に取ってくださったということは、早く結婚したい望みがあるのではないでしょうか。

だとしたらなおさら、自分から、能動的に！をオススメします。

私の経験を書くと、37～38歳頃、自分自身に向けてこう宣言しました。

「私は私を幸せにできる、幸せにする」

こう決めたことで、人生で望むもの（理想通りの男性と結婚、豊かな生活、自分を生かして仕事をするなど）をすべて、自分に与えられるようになりました。

（自分の願いを叶えてあげると、これまでに思いつくことのなかった新たな夢が出現します。私の場合、そのうちのひとつが出版でした）

だから「私は私を幸せにできる、幸せにする」。この言葉は私にとってパワーワードです。いつでも自分に力を与えてくれる、光の言葉なんです。

それまでは「だれかが私を幸せにしてくれる、幸せにしてくれるのを待っている」状態で生きていました。それしか方法がないと思い込んでいたんですよね。

自分で自分を幸せにできると思ってなかったんです。こういう考え方があるとは知らなかったんですよね。

だれかに幸せにしてもらう棚ぼたを待つよりも、自分で勝手に幸せになればいいのか、と頭が切り替わると、すごく楽になった気がしました。

だれかの行動で一喜一憂する人生をやめて、自分で自分をケアするだけだから、自分にとって都合がいいんですよね。

この意識が当たり前になると、二度と以前のような他人任せの人生には戻りたくないと思ってしまいます。

「私は自分を幸せにできる人間だ」と決めたとして、パワーワードを言ってみても、具体的に何をどうしたら自分を幸せにできるかわからない、そんな声もよく聞きます。私がやってきて効果が絶大で、受講生にもいつも話しているのが「私はとっくに幸せだった！」と気づくことです。

これは第2章で書いた〈あるものを数えよう〉ワークにも近いのですが、自分を幸せにしようと頑張るのって大変そうな感じがしますよね。

「私は幸せ！」と今思ってもいないのに、そう思い込もうとするのも苦しいですしね。でも、「私はすでに幸せなのかもしれない」という視点でその証拠を探そう！　こんなゲーム感覚で自分自身や周りに起きていることを見るのは楽しい時間です。

セミナーではグループで、または隣同士でやっていただいたりすることもあります。もしよければお友達と一緒にやってみてください。

この本はアラフォー以上の結婚したい女性向けですので、例は恋愛・結婚にフォーカスしますね。実際に私が考えていたことです。

今、結婚相手には出会ってない。彼もいない。好きな人さえいない。こんな状態の私がとっくに幸せだったことに気づくゲームです。

まず、気づきをひとつずつ挙げていきます。

もしも私がとっくに幸せだったとしたら？

（たしかにまだ出会ってないけど）私は結婚したいという自分の望みに気づけている。望みに気づいてないと叶えられないから、これだけでもすごい！　望みに気づかせてくれたすべての存在にありがとうを伝えたい！

（恋愛映画や結婚している友人などからの影響を受けて自分が本当に望むことがわかった）

（たぶん、私のように自分を幸せにする女は、クレクレじゃないから男性は気が楽だろう。自家発電する女性と結婚したい賢い男性は多いだろうなぁ♡）

（今から私と出会って結婚する男性って、超ラッキーじゃない⁇　私と一緒にいたら絶対に楽しいし幸せを感じられるよね。だって私がすでに幸せだから！　幸せになるコツを知っている人間と一緒に生きたら、どんな人生でも最高なものにできるよね。私のこの気づき、すごいわ……）

（理想通りの男性に出会えちゃったらどうしよう!!　めちゃくちゃうれしい～♡　こう考えることができるようになった自分ってすごい！　すでに少し前の自分とは生きてるステージが違う。だから願いが叶えられるんだ……。私は願いを叶える直前まで来てるんだな。すごい進歩！　この状況がめちゃくちゃラッキー!!!　そっか、私はとっくに幸せだったんだ。それに気づけたらますます幸せが自分の元にやって来るんだな～♡　今見ているものが、増えるって本当なんだろうな～♡）


このとき、劇的な幸福感のようなものはありません。

その代わりに、ふわっとした安心感や、ホッとする感覚があります。

私は大丈夫だ、と思える自分の中の芯（しん）のようなものを感じられるようになっていました。

あなたもぜひ、こうした気づきのゲームをやってみてください。

まだ出会っていないだけで、これからチャンスが待っているんだと決めることは、自分で自分を幸せにすることでもあります。


「結婚してない」

「結婚できてない」

「婚活でいい人に出会えない」


という今起きている出来事だけにフォーカスして、自分の人生を計ることからは、今日で卒業しましょう！

いるだけで勝手にモテ始める

この「いる」だけで、というのは、文字通りそこにいるだけで、という意味です。

たとえば、職場に男性が多いのであれば、これまでとは反応が変わったことがすぐにわかると思います。

まず、これまでとの大きな差は、自分で自分を幸せにすると決めると、自分に向ける笑顔が増える、外に向ける笑顔も増える。自分の内側で起きていることは、自分の外側でも同様に起きるからです。

そして、自分の中の（あることさえ気づいていなかった）罪悪感が薄まると、愛想笑いではなく心からの笑顔が、これまでより自然に出るようになります。

これが親へのひっそり謝罪ワーク後に現れる現象です。

ただ、職場の場合、そもそも独身男性が少なかったり、独身でも年代が若すぎたりしますよね。それではもったいないので、ぜひ結婚したいと思っている男性がいる場に自分の身を置いていただきたいです。

もしすでに婚活の場にいるのであれば、そこにいる男性の反応がはっきりと変わってきているのではないでしょうか。

これまでよりもイイね！が増えたり、お見合いの申し込みが増えたり、など。

（これからネット婚活や結婚相談所に登録する、という方は、このあと説明する「理想の人リスト」をつくってからにしていただきたいです♪）

「結婚相談所やネット婚活には登録したくない」。そんなこと言わずに、どんどんモテていってください！

そうした出会いの場は最後の手段（そんなところに登録して結婚相手を探すなんて負けた気がする）と思う人もいますが（そういう方は、そうした婚活の場に登録したらすぐに結婚できると思うようですが）、そんなことはないですよ！

あなたという素晴らしい女性をアピールできる場を「自然の出会い」だけに限定するなんて、世の結婚したい男性にとっては大きな損失です！

ぜひぜひ、結婚したいと思っている誠実な男性がいる場であなた自身をアピールしていきましょう♡

理想の人リストをつくる意味

「理想通りの人に愛されて結婚したい！」という望みがあるなら、理想の人リストは必ず書きましょう♪

もうリストができあがっている人も多いかもしれませんが、まだ結婚に至っていないなら、改めてつくり直してみませんか？

リストのつくり方をお伝えする前に、なぜ理想の人リストをつくったほうがいいのかを説明しますね。

これは私の経験ですが、婚活ウツを発症するまでリストの類いはつくっていませんでした。リストをつくるという発想自体がなかったから、そしてどういう人と結婚したいという具体的な理想ではなく、かっこよくておしゃれで会話がうまくて年収が高くて……みたいな、ざっくりとしたなんとなくの望みしかなかったんですよね。

結婚ではなく、週末を共に過ごすだけのいいとこ取りの彼が欲しいならそれでもいいと思います。

私は、39歳になる直前に、あるセミナーに参加したときにたまたま「理想の人リスト」のつくり方を教わりました。

教わった通りにリストをつくり、イメージングをしてから出会いの活動をしたら、ほぼリスト通りの理想の相手に出会えました。それが今の夫です。

イメージングというものが苦手な人も多いので、のちほど別のやり方も説明しますね。

理想の人リストは、この世のどこかに必ずいる「自分が出会いたい相手」を、自分の目の前に登場してもらうためにつくります。

自分の目の前というのは、〈自分が結婚相手に出会いたいと決めて活動している範囲内〉という意味です。人によっては旅先や、趣味の場、職場の人の知り合いなどのつながりの先に登場するかもしれません。

いい人と結婚したい、と思っている人は多いと思います。

あなたが本気で望むなら、どんな人にも出会えるパワーが私たちの中にあるのですが、宇宙的な大きい視点で見ると、この世にいる男性は全員「いい人」なんですよね。年齢も年収も住まいも外見も性格的なことも、現状がどうあれ、すべての人間がいい人なんです。

だから、あなたが出会いたい人をはっきりと表明する必要があるんです。そうしないと、目の前に来るのは「宇宙的ないい人」で「男性」。これもあなたの望んだ通り、となります。

これまでの経験を振り返ると、ここに書いたことが理解できる人もいるのではないでしょうか。

そして、理想の人リストは理想通りの男性に愛されて結婚したい人にとって、現在地を確認できる便利なツールにもなります。

リストをつくることで得られるメリット

- 自分が出会いたい人をだれに遠慮することなく自由にのびのびと書くことで、自分に喜びを与えられる
- 自分の心の中を整理できる
- 自分の今のマインドをチェック↓修正できる
（どうせ出会えないと思っているか、きっと出会えるよね！と信じ始めているか、など）
- リストを繰り返し見てイメージすることで、この相手がこの世のどこかにいて、自分に会いたいと思っていることを信じられるようになる
- 毎日リストを見ることで自分自身に「愛し愛されて結婚すること」を許せるようになる
- リストを見るたびに「こんな人と出会えて結婚できて幸せ！」と喜びを感じられ

る

リストをつくることで得られるデメリット

・なし

ただし、具体的な理想がどうしても思い浮かばないという人はつくらなくてもOK!

全部自分に都合良く、が正解

全部自分に都合良く、と聞くとどこか居心地の悪い感覚を覚えるでしょうか。わがままとか自分勝手では?という言葉が浮かぶ人もいるかもしれません。

ですが、安心してください。

自分に都合のいい相手とは、相手にとっても自分が都合のいい相手なのです。

人生経験豊富なオトナ婚活女性にとってのラッキーは、自分が出会いたい男性をクリエイトできるところです。経験が浅く自分のこともよくわからないときは、どんな男性と出会いたいか自体が曖昧だったりしますから。

せっかくのアラフォー婚活、オトナである利点を最大限生かしてほしいと思っています。

もしだれかに「結婚とは何?」と聞かれたら「結婚とは生活です」と答えます。

結婚して10年を夫とともに過ごしてきて（結婚3年目からネコが仲間入り）、愛する人と人生を歩むことは楽しいことも倍に増えて最高の日々ですが、学び教わることも多く、だからこそ「結婚っておもしろいなぁ……。ひとりで生きる気楽さと自由を捨ててでも体験する価値があるなぁ」と実感しています。

結婚とは生活、ということを踏まえて、理想の人リストをつくる際のコツは、出会いたい相手をいきなり書くよりも、あなたがどんな結婚生活を送りたいのかを考えることから始めることです。

たとえば、土日祝日がお休みの会社に勤務していて、結婚相手も同じ休日で、休みを一緒に過ごしたいならそれが望む生活のおおまかな枠になりますよね。

親世代とは独立して過ごしたいなら、夫婦だけで生活することを望めばいいし、子どもが欲しい欲しくないについても考慮した上でリストに落とし込みます。

生活のリズムの詳細は、結婚してみないとわからない部分ではありますが、お互いの希望をすり合わせながら折り合いをつけていけばいいですし、先に望みがあるならそれをリストに入れましょう。

マンションを所有している受講生で結婚した人もけっこういまして、みなさん買ったときよりも高値で売れたというご報告をいただいています。すごいですね！

でも、パートナーシップが整うと金銭の流れも整うので、当然の結果と言えますね。

家に関しても、持ち家があってそこが広くて二人以上で住めるなら、「自分のマンションに一緒に住んでくれる人」という希望を入れてもいいんですよね。

家事に関して、全部自分でやるのはむずかしい場合、家事を分担できる人を望んでもいいし、家事サポートの依頼にＯＫを出してくれる人を望んでもいいですよね。

出産可能な年代の方の場合、自分が子どもが欲しいかどうか（欲しいと思ってもでき

ると は限りませんが）についても考えておいたほうがいいでしょう。

本当に子どもが欲しいと考えている30代後半以上の方でしたら、すぐに不妊治療に入ることも考慮に入れることをオススメします。

お相手も子どもを望んでいる人をリストに入れたほうがいいですが、男性は女性の出産年齢の限度を知らない人がほとんどですので、女性側がしっかり考えておいたほうがいいと思います。

子どもができなかったとしても二人の人生を楽しみたいと思っている人を望むことも大事です。

自分が今、どんな人生を望んでいるのか？　今ここで「理想の結婚生活」をしっかり考える時間をとりましょう♡

リストの書き方定番編

ここで、私が自分で実践したリストの書き方を説明しますね。

ノートやＡ４用紙などの紙とペン（鉛筆でも）を用意します。

スマホなどで入力したい人もいるかもしれませんが、ここでは手書きを推奨します。

なぜなら手でペンをもって文字を書くと、忘れていた願いもどんどん思い出せるからです。

ただここで、手書きめんどくさ……とテンションが下がったのであれば、スマホでつくりましょう！　欲しい未来のためにつくらないよりどんな形でもつくったほうがいいからです。

実際の書き方

用意したノートや紙の真ん中に線を引きます。

左側に【理想の姿・状態】、右側に【そのときの私の感情】と書きます。

左：こんな人だったら／右：私はきっとこんな感情になる♡

171ページにオススメのリスト文言をまとめましたので参考にしてください。

リストを書くときに大事にしてほしいことは、「自分がどう感じるか？」を書くこと。「こんなふうに感じたいから、こんな人と結婚したい」と逆から考えてリストをつくっていくのもいいですね！

たとえば私の場合、色白で肌がきれいな人が好きなんですね。リストに書くとこんな感じです。

> 左：色白で肌がきれい／右：顔を見てるだけで毎日がうれしいって最高～♡

また、映画好きなのでこう書きました。

> 左：映画の好みが近い／右：一緒に映画を楽しめて、すごくうれしい♪

食べ物についても、

左：食の好みが合う／右：一緒にどんな食事でも楽しめることが幸せ♡

「右の感情が同じような言葉が並んでしまう」とはよく受講生に言われますが、私もそうでしたし、それでいいんですよ。

〇〇〇で幸せ～♡
〇〇〇でじんわりうれしい♡
〇〇〇って最高♪
〇〇〇で安心する……♡

〇〇〇でホッとする……♡

右側に、こんな彼に出会ったらどのように感じるのか？を感情を予測して書くのですが、実際に出会ったらどう思うかなんて、そのときにならないとわからない、と思う人もいるかもしれません。

だからこそ、先に「どんな感情を味わいたいのか」を自分で決めましょう！

結婚すると決めるのはあなたしかいないのと同じで、理想通りの男性に出会って結婚するときにどう感じるのか、それもあなたが決めていいのです♡

理想の人リストというのは、先にこう書いたように、リストを見るたびに「こんな人と出会えて結婚できて幸せ！」と喜びを感じられる自分をご機嫌にするためにも使えるアイテムです。

ほかのだれかに幸せにしてもらうのを待たずして、自分で勝手に幸せになる！　これが理想の相手と出会える人の基本マインドだということを、日々思い出してくださいね♡

リストをつくるときの注意点

1章からご紹介してきたワークをやってくださったとしても、リストをつくる段階でこれまでのようにジャッジが入ることがあります。

「こんな人、この世にいるの?」
「こんな人が私を選んでくれるかしら?」

こうした思いが出るたびに、まだ私のマインドは変わってない……と思わなくていいですよ!

自分のマインドにがっかりするよりも、自分がこれまでどんな思いグセをもって生きてきたかに気づけるようになった変化を喜びましょう!

これまでは当たり前すぎて気づけなかったところに気づけるようになった変化は、現実創造に大きく影響しますから。

自分自身のジャッジ以外にも、他人がどう思うか？という他人目線が入る人もいます。

「こんな相手を望んで、他人からどう思われるだろう？」。こんな思考が日常にある人でしたら、リストをつくることで、これまでの自分の思考に気づけるいい機会ですね！

他人が具体的なだれかだとして、その人があなたに結婚相手と出会わせてくれるなら、なおさら本当に望む人を書かないといけないですよね。

そして、出会わせてくれるような相手でないなら、他人の目を介入させるわけにはいきません。

理想の人リストは、あなただけのものですから。

理想の人に出会うのは、あなたですから。

こんな意識で、楽しく自分らしくリストをつくってくださいね！

初めてリストを作成した場合、出会いの活動を始めていろんな男性に会うと、リストを変更したくなることもあります。リストは何度でも書き直しができますので、どんどん自分に合うリストに更新していきましょう。

また、たくさん書かなくてはいけないのでは？と思う人もいますが、10〜20行くらいがイメージングに適当ですし、もっと少なくてもいいです。

私の場合は60行書いて、すべての行を録音すると10分くらいでした（録音については後述します）。

リストの行が少ないほうが、いろんな意味でラクではあります（笑）。

不安な気持ちから、同じようなことを書き連ねてリストの行が増える人もいます。一度書いてから、改めて「これはいる／これはいらない」とチェックしていくのもいいと思います！

インタビュー形式のリストが楽しい！

リストのつくり方の例外として、これまでの受講生のやり方が面白かったので、ご紹介しますね♪

自分で自分にインタビュー

ねえねえ○○ちゃん（自分の愛称）、あっという間に結婚したらしいけど、旦那さんってどんな人？

うーん、身長は175センチくらいあるかな。並ぶとちょっと見上げて、キュンとなる高さ（笑）。体型はやせ型。都内で働くサラリーマンで、仕事は好きだけど、休みはしっかりとるタイプ。

私と同じで、土日祝日が休みだから、休みの日はだいたい一緒に買い物や散歩に出かけてるかな。近くのスーパーとかスタバのときもあるし、表参道とか丸の内とかの話題のスポットまで行くこともあるよ。手をつないで歩いていると、なんていうのかな、愛情をチャージされてるって感じで、仕事の疲れなんて吹っ飛ぶね（笑）。

これがあるから、また1週間頑張ろうって思えるんだよね。独身のときは、こんな世界知らなかったなぁ（笑）。

あ、旦那さんも私といると癒やされて、また頑張ろうって思うらしい。私の笑顔が何よりのご褒美なんだって！

こちらのインタビュー形式でリストをつくった婚活塾生（40代）は、婚活塾中に紹介された男性とトントン拍子でお付き合いからご婚約、今はご結婚されてとても幸せそうです♡

リストの書き方がしっくりこない場合は、自分流にアレンジしてくださいね。大事なポイントである「どんな感情になるのか／感じたいのか」が書いてあればアレンジは自由です！

理想の人と相思相愛♡　リスト文言集

これまでリストをつくったことがない場合、何をどう書いたらいいかわからない人もいらっしゃいました。

そういう人だけでなく、どんな人にもオールマイティに使える文言があるので、ご紹介しますね！

- 私の外見が好きな人……私を愛してくれてうれしい♡
- 私の考え方が好きな人……私を尊重してくれてありがたい♡

外見や考え方は、年齢を重ねるごとにどんどん変わっていきます。それでもお互いにいいと思えるといいですよね。

外見に関しては、最初から自分を好みだと思ってくれる人を望むことをオススメします。ケンカしても、彼が自分の顔を見たら許そうと思えるとしたら最高じゃないですか？（笑）

男性の多くは、女性を外見で選びます。外見とは、単に顔かたちというより雰囲気（メイクや髪型、背格好や服装）のことです。外見には、自分に向けられた笑顔や、話して感じのいい人も含みます。

リストの文言〜NG例

リストは、否定形では書かないほうが良いです。なぜなら、最初に文字を見たとき（聞いたとき）自分がどう感じるかが重要だからです。

（NG例）私を束縛しない人↓（OK例）私の自由を尊重してくれる人

束縛という文字を見て「うれしい……」と思えるならいいのですが、そうじゃないから束縛しない人を望むわけですよね。

束縛という文字を見なくてもいいように、「私の自由を尊重してくれる人」と書くと心が軽く温かくなりませんか？

リストをつくる上で、自分がどう感じるか？を重視してくださいね。

たばこを吸う人がいやだ、という人は多いです。

これをリストに書く場合、「たばこを吸わない人がいい」ですと、毎回たばことい

健康な人	健康な彼と、 健全な生活を 送ることができてうれしい♡
五感の好みが合う人	おいしいもの・ 心地よいものを 共感できるのがうれしい♡
独身で彼女募集中で 結婚したいと思っている人	彼とすんなり 結婚することになって うれしい♡
好きな匂い・フェロモンの人	彼と肌が合うことが幸せ♡
食べ方が上品な人	一緒に食事していて 落ち着く♡
お互いたくさん褒め合える人	なんでもいいところを見つけて、 すぐ褒め合うことができて このうえなく幸せ♡

う文字が目に入り、ネガティブに感じる人もいるかもしれません。
「嫌煙家の人がいい」と書くのはいかがでしょうか。

数字で書けることは必ず数字で書くべし

年齢、年収、身長などで希望があるならリストに書きましょう。ここは目に見える部分なので、はっきりとリストに希望を表明したほうがいいです。宇宙的な大きい視点から見ても、「この人はこんな人が理想なのね」と数字で表してあるほうがわかりやすいです。

そうした数字でわかることに興味がない場合は、書かなくてＯＫです。

♡37〜42歳くらいまでの人がいい……同年代で話が合うことがうれしい♡
♡年収〇〇万以上の人がいい……豊かな生活ができてうれしい♡
♡身長175センチ以上がいい……背が高い人ってなぜか安心する〜♡

リストの最後に付け足すおまじない文言

リストのつくり方は、私が2008年に出会ったスピリチュアルカウンセラーのみちよさんのブログに書いてあったやり方を多少アレンジして使わせていただいているのですが、みちよさんは当時、リストの最後に入れる文言も教えてくださったんですね。それが、こちらの文言です。

天使！（守護霊・宇宙・神・ご先祖さまなどお好きな言葉でOK）、どうか正しいタイミングで、このような私の求める理想の男性と引き合いますようサポートしてください。そしてその人が現れたとき「この人だ！」とすぐわかるように教えてください！

この文言はおまじないです。

この文言があると、いざその人に出会ったときに、見逃さずにすみます（笑）。

どのように「この人だ」と教えてくれるかは人それぞれです。私の場合は、ネット婚活で夫のプロフィール写真を見た瞬間に心臓のあたりがバクバクしました。ドキドキとは違うんです。バクバク。「うわ、これお知らせかも⁉」と思いました。

そして2週間のメールのやりとり後に初対面、私の場合はこの時点で「この人だな」と確信したので、最初のお知らせは本物だったんだな、と思いました。

人によっては、「なんとなくこの人の気がする」とか、まったくピンときてなかったけどだれかの言葉によって会ってみようかな、というところからのお付き合いを重ねるごとに自分の理想以上の人だったと気づいて結婚した、という受講生もいました。

おまじないってないよりあったほうが楽しくないですか？（笑）

ぜひリストの最後に入れてくださいね♪

イメージングを楽しむ方法

リストができあがったら、それを使って「イメージング」していきます。イメージングと聞くとピンとこない人もいるかもしれませんが、理想の人に出会って結婚した状態を先取りしてムフフと楽しむ時間のことです。

婚活当時の私がイメージングをどう楽しんだかというと……。

理想の人リスト作成後、書いた文言を1行ずつ、左から右に読んで録音しました。録音した理由は、リストを毎回取り出すのも毎回リストを声に出して読むのもめんどうだったからです。

録音したものを朝・晩の通勤時、時にはお昼休みにもイヤホンで聞いていました。今はスマホでカンタンに録音できるのでラクですよね～♪（私のときはＩＣレコーダーで録音したデータをiPodに入れて聞いていました）

自分の声で吹き込むときには、リスト右側の感情を、実際に「うれしい～♡」「幸せ～♡」と感情を込めて録音することをオススメしています。

照れくさいという思いも十分わかります。でも、自室でこっそりやればだれも見ていませんし、だれかに聞かせることもないので、安心して思う存分浸りながら録音してください。こうすることで、理想通りの男性に出会って結婚する自分に近づいていることを実感できます。

受講生に録音を提案すると、自分の声がキライだからやりたくない、という人が少なからずいます。

せっかくの自分の声、これまでずっと自分を助けてくれて、今後も一生付き合っていく自分の大事な声を嫌うのは、もうやめてあげませんか？　あなたのために、この機会にそうしてほしいです。自分の声にも、嫌ってきたことをたくさん謝ってあげてくださいね♪

私と違ってリストを取り出すのがおっくうではない場合、逆に録音がめんどうな場合は、毎回リストを読んでイメージングすればいいですよ！

イメージングは、リストを1行ずつ声に出して読み進め、右の行を読みながら感情を味わいます（録音した場合、音声を聞いて感情を味わう）。

今はまだリストに書いた彼は自分の目の前にいないけど、こんな人に出会って、愛

されて結婚したら、最高じゃないですか？　そして安心しませんか⁇
私は、これでもう婚活を終えられる！　きっと理想の彼に出会って結婚が決まった自分は安心しているだろう、ホッとしているだろう、そう予想しました。
だから、まだ出会っていない、彼のかけらも見えていない段階から、「安心して」「ホッとしている」「幸せな気分」をイメージして味わいつくしました。
彼が自分の向かいに座って一緒に食事をしている風景を思い浮かべて、二人でおいしくご飯を食べられてうれしいなぁ……ムフフ♡
見た目が好みの彼と一緒に人生を歩めるなんてほんと幸せ……ムフフ♡
会話のセンスが良くて好きだなぁ。彼と一緒にいられて本当に幸せ……ムフフ♡

こんなふうにすぐ近くに来ている相手との生活をイメージすることをとにかく楽しみました。

イメージングは朝と夜に時間をとっていただくのですが、短い人なら3分、長くても10分程度ですので、ぜひ1日に2回でも3回でもやってみてください♪

ふだんの生活で仕事などに振り回されて、イメージングがゆっくりできない方もいるかもしれません。そんなときは「湯船につかっている時間」「メイクをする時間」「トイレに入るたびに」、こんなふうに「イメージングタイム」を先に自分に予約しておくのがいいと思います。

イメージングの際にも、しつこく自分を否定する言葉が出てくる場合もあります。「あんたには無理だよ」「どうせそんな人とは出会えない」こうした言葉が頭に鳴り響いたら、「うるさい!!! 私は結婚するって決めたんだよ！ 私の理想の人は必ずいるし、出会えるし、結婚できる」と自分に伝えます。自分自身に、何度も何度も伝えてあげます。その結果、「私が愛する人に愛されるのは当然だよね」とすんなり思えるようになります。

イメージングは自分に喜びを与える時間であり、究極の癒やしの時間でもあります。

イメージングができないときの救済法

録音データを聞きながら自分の感情を感じてみる、まだ起きていないことを今あることのようにありありと思い浮かべる、こうしたイメージングを苦手とする人は多いです。

イメージすることはほとんどの人ができます。「リンゴ」という文字を読んで、今、リンゴが頭にポンッと浮かびましたよね？　赤くて丸い形やカットされた形が脳裏に映し出されたと思います。リンゴの酸みや甘みを思い出した人もいるかもしれませんね。

それでもイメージングが続かない、できないという人に、別の方法をいくつかお伝えしますね。

- リストをトイレの扉やミラーの横、キッチンなど、一定時間自分が身を置く場所に貼りまくる。目に入った行を見て「理想通りの人と結婚できてうれしい♡」といちいちつぶやく。

そのとき「今も今後もどうせ無理」という自分を暗い気分にするネガティブな思いが湧き上がったら、「それ、だれが決めたの？」「私がそうなるとは決まってないよ！」といちいち自分に伝えること。

- 朝か晩、ノートを広げて以下のように書く。きれいな文字である必要はないし朝晩2回やってもいい。

「私は愛する人に愛されて結婚する」
「ありがとう！　愛する人に出会わせてくれてありがとう！」
「理想通りの男性を目の前に登場させてくれてありがとう！」

こうした言葉をノートに書き連ねる。その際、頭の中でネガティブな言葉が鳴り響いたら、「うるさい!!!　私は結婚するって決めたんだよ！　私の理想の人は必ずいるし、出会えるし、結婚できる」と自分に伝える。

頭の中のネガティブは、何度もなりたい自分の姿を伝えることで小さくなっていきます。

ネガティブをゼロにしようと頑張る必要はなく、ネガティブがあるんだなぁという大きな気持ちで自分を見てあげるのと同時に、それをそのままにしておかないことが大事です。

ネガティブな思いがまったくない人はいません。自分を暗い気分にする考えに自分から積極的に愛を送る（私は大丈夫だよと伝えること）と、どんどん「理想通りの人と結婚する自分」が自分にとっての当たり前になります。

リストのイメージングができない場合は、毎日自分でノートになりたい自分を書いて、ネガティブな思いが湧くたびに愛の言葉を送ってあげてくださいね♡

願いを叶えた自分からのエール

イメージングをしても、ふと気持ちが暗く落ち込む瞬間に「大丈夫だよ！　必ず結婚できるよ」と自分に伝えても将来がどうなるかと不安で落ち着かないときは、願いを叶えた未来の自分から、応援してもらっていました。

私は夫と出会う前からよく瞑想（めいそう）していました。ひどい肩こりに悩んでいたのが、瞑想すると肩の痛みが楽になったからです。

瞑想の産物はほかにもたくさんあったのですが、特にありがたかったのが未来の自分から言葉をもらえることでした。

未来の私といっても、私が勝手に想像しているだけなんです。だから、瞑想していようがいまいがだれにでもできるテクニックです。

とっても元気が出るのでご紹介しますね。

近未来の自分をイメージします（近未来なので、私の場合は今の自分をそのままイメージしていました）。

少し先の、願いを叶えた自分が話しているのを思い浮かべるのです。

「あなたが頑張ってくれたから、愛する人に出会えたよ。ありがとう」

「今とても幸せなのは、あなたのおかげだよ。本当にありがとう」

今すぐ手に入る！

結局、理想を下げない女（ひと）が選ばれる

読者無料プレゼント

未公開原稿を特別に公開します！

本書で理想の人と出会って結ばれるためのマインドづくりをしたら、ぜひ知ってほしい実践的ノウハウがあります。

ネット婚活が主流になった昨今、ネット婚活で成功するためのプロフィール写真の撮り方、ネットでマッチングしてからのやり取りや実際に会うまでであリがちなことや注意点を本書の著者・伊藤友美氏がまとめました。

ぜひ、あなたの婚活に活かしてください！

この無料プレゼントを入手するには
コチラへアクセスしてください
http://frstp.jp/riso

※特典は、ウェブサイト上で公開するものであり、
冊子やCD・DVDなどをお送りするものではありません。
※上記無料プレゼントのご提供は予告なく終了となる場合がございます。
あらかじめご了承ください。

フォレスト出版

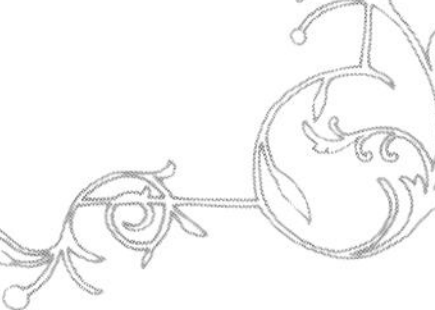

「理想の人に出会えて結婚できたから、安心していてね」

（言葉はアレンジしてもいいですが、「未来の自分からの感謝の言葉」というのがポイントです）


近未来の私が、今の私に感謝の言葉をくれること。

今の私が近未来の自分に勇気づけられること。

こういう想像は、結婚や婚活以外でもなんでもできるので、私は今でもやっています。気分が落ちているときは、例外なく自分にダメ出ししています。自分の感じたことを否定しているんですよね。

気分が落ちたままの状態を続けると、這(は)い上がるのもたくさんのエネルギーが必要です。落ち込むことがダメとは思いませんが、1日だけ落ち込む、と決めたらその日はとことん落ち込んで、次の日にはぜひ近未来の自分から応援メッセージをもらいましょう。

自分の想像した近未来は確実に存在しています。

ぜひ欲しい近未来をどんどん想像してくださいね！

ウソつきリストに気づく方法

リストをつくっても、イメージングするときにいい気分にならないなら、ウソつきリストができあがっています。

自分の心ってわかりやすいですよね。ウソなら気分が上がらないのですから（笑）。本当に望んでいる相手を書いていないと、自分の内側から「え？　なんでこんな人なの？　ほんとにこんな人が望みなの？」とブーイングが出るんですよ。リストを見て気分が下がったり、いい気分でイメージングできない、それが答えです。

数字でウソをついていたり、外見を素直に望んでいないと、テンションが下がることはよくあるようです。

数字というのは、望む相手の年齢や身長など、数字でわかる部分のことです。外見に関しても、望む相手を書いていいんですよ。

書いていない人ほど、出会う相手を「違う！」と思う傾向が強いです。

しっかりリストに書いている人は、出会った相手が自分の望みと違ったとしたら、感謝してさようなら、次に行こう！とスムーズです。

この差はリストに書いた人は必ず存在して、必ず出会えるという確信があるからですよね（100%じゃなくても）。

イメージングをすると、自分のウソにも気づけるのでとても便利なワークです。

ここで、講座修了1か月後に婚約、入籍した受講生の実体験をご紹介しますね。

感謝・謝罪・自分を整えるワーク・動画視聴、録音した音声を1日中に何度も何度も聞いてイメージングしていくうちに、聞いていてもテンションが上がらず、違和感を感じ始める。

書き直す前のリストは、「頭で考えたこんな男性なら私を幸せにしてくれそう」という視点で書いたもので、クレクレ女のウソつきリストになっていた。

書き直した後のリストは、「心がほっと安心できて、こんな男性とならお互いを幸せにできる」、そんな本音のリストになった。

「理想の男性と出会って、プロポーズされて、幸せな結婚生活を送っているとしたら？」という視点がごっそり抜け落ちていたからクレクレ思考になったが、「理想の男性なんているの？」「出会えるわけない」「私には無理」と思っていたことが大きな原因だった。

友美さんのアドバイスに従って、両親、兄弟、祖父母、親戚、元彼、友達、上司、同僚の男性などありとあらゆる人に思いつくかぎり謝罪したことで自分に幸せになることを許せ、本音に気づくことができた。


このケースで、2、3章で説明したごめんねワークと親へのひっそり謝罪ワークの効果がよくわかりますよね！

素直な望みが浮かばず、なかなかリストをつくれないという方の場合も、この2つのワークを何度もやると徐々に変化が起きてきますよ♪

未来のあなたが応援してくれています。

できるところから手をつけていってくださいね！

理想の人リストに望む数字を書けない理由

「数字を書くのがむずかしくて……つい、希望に満たなかったらどうしようとか、数字を決めるとチャンスが減るんじゃないかと思ってしまいます」

これはたまに聞く言葉ですが、まさに、理想を下げようとする女性の考え方あるあるです！

もしもあなたに同じような考えがあるなら、これから書くことを参考にしてくださいね♪

ごめんねワークや親へのひっそり謝罪ワークなど、お伝えしたワークをやっていない状態では、理想の人リストに心から望む男性像を書けない人が多いです。なぜなら自分の中にある無意識の罪悪感が、自分を幸せにすることを阻止するからです。この時点で自分の内側は「結婚が自分を幸せにしない」と信じているので、実は真の理想の人を望まないことで、大事な自分自身を守ってくれているのです。

ごめんねワークや親へのひっそり謝罪ワークをじっくりやっていただくうちに罪悪感が払拭されて、自分を幸せにしたいと素直に望めるようになります。

それだけでなく、ワークを実践していくうちに「結婚が自分を幸せにしない」という不必要な思い込みも薄れていきます。

たとえば、本当は仕事ができて高収入の男性と結婚したいと望んでいるけれど、高収入な男性はモラハラなのでは？　浮気するのでは？という恐れがある場合、理想の男性の年収について、数字を素直に書けない人がいますが、高収入の男性＝モラハラというのは本当でしょうか？　そうじゃない人もたくさんいます。浮気する男性は、収入の額に関係なくします（笑）

稼ぐ男性にはパワーがあるのは確かです。だからといって最初からモラハラや浮気のレッテルを張ってしまうのはもったいないし、こうした思い込みは全男性に失礼です。

年収が高い男性を望む場合、同時に「私を大切にしてくれる人」「お金に対する価値観が近い人」なども望んでください。

浮気が心配なら「私だけを愛してくれる人」と最初からリストに入れておくといい

ですよ♡

素直に理想を望む自分になると、あなたはあなた自身を幸せにできるようになります。

年収や身長などの数字以外の部分でも、あなた自身のために欲しいものを望んでくださいね♪

迷ったら自分の本音と交流する

よくあるご相談でこういうものがあります。

年に1回〜数回会う男性。
こちらは特になんとも思っていないけど食事には行く。
けれど結局恋愛対象ではないと悟る。
また誘われてしまい気が重い。

この場合、自分も疲れるし、気がないなら相手の時間を奪うことになり失礼なので、今後はお誘いを遠慮する（次に誘われたらお断りする）でいいと思います。

断る理由としては「今忙しいからごめんなさい」よりはウソでも「お付き合いしたい人がいるのでごめんなさい」「彼ができたのですみません」のほうがいいです（もともと態度が失礼な相手ならブロックすればいいですよ）。

またこのパターンも多いです。

親の知り合いに紹介された男性と長い期間会っている。とてもいい人で会うのはいやじゃないけど、生理的に合わなくて触れられたくない。

この場合は、早急にお断りしてください。このような相手の時間を奪う行為は、別の相手から自分に返ってきます。

ほとんどの男性は、女性と触れ合うことを望みます。生理的に合わないのにズルズルとお付き合いすることは、男性にとってとても不幸なことですので、今お断りすることが、お互いにとってベストな選択です。自分の感覚を信じてくださいね。

第1章で書いた、私が婚活ウツに陥った理由が「あなたをいいと言ってくれている人だから、この辺で手を打ちなさい」という暗黙のメッセージ。今なら自分に「そのメッセージを受け取らなくていいよ」と言います。

誘われることが気が重い相手にいつまでも気をもたせることは、相手に対してとても失礼です。断るのもエネルギーが必要ですが、悪いことではないです。心の奥の「嫌われたくない」思いから、断ることから逃げていませんか？

むしろ、はっきり断らないことでお互いに時間を無駄にしてしまいます。合わない相手、好きになれない相手との関係をきっぱり切り捨てるには、本当はどういう相手と出会いたいのかをはっきりさせることに尽きます。

どう考えても好きになれない相手なのに会い続けている場合、こんな考えがないかチェックしてください。

「好きではないけどデートする相手がいる」ことで自分のプライドを保っているとし

たら、打算的ですよね。

そのうち好きになるかもしれない、という望みも、数回会えば自分の本音が見えてきますし、相手を好きになる可能性があるならそもそも悩みません。

お互いにとって大事な時間を浪費していることになります。

この人なら○○ちゃんの旦那さんよりスペックが高いから勝てるかも、という損得勘定や勝ち負け目線で男性を見る人もいます。

損得や勝ち負けの目線で男性を選ぶと、どうなると思いますか？　あなたの勝ち負けに男性を利用するなら、それを言葉にしなくても相手に伝わります。

同じようなことを別の人からされることになるし、利用しようとした人からも大事にされません。

あの子にだけは負けたくない！という気持ちが自分にやる気を与えてくれることもあるでしょう。

でも、そう思っているときの自分の内側は、案外冷めた目で見ているかもしれませんよ。

だって、勝ちたいと思っているあなたの人生の主役は、あなたではなく「あの子」だから。あなたの人生なのに、あなたはあなたを生きていない。そんな状態が、自分の内側では面白いはずがないですよね。

コンプレックスはあってもいいし、あるのが当たり前です。コンプレックスを嫌う必要もないし、克服しようとしなくていいんですよ。

あなたのままで、あなたそのものを愛する人が必ずいます。

でもそのためには、あなたが自分の真の望みをわかっている必要があります。

あなたにとっての真の理想の人に、あなたは必ず選ばれます。

迷ったら、まずこの本のタイトルを見直してみてください（笑）。

そして、この本を手に取ったときの気持ちを思い出してください。

「理想を下げない女が選ばれる……？」。常識外れで驚いたと思います。書いてあることがこれまでの自分の考えから外れていたとしても、ぜひこの本の通りにやってみてください。

迷ったら、自分の本音と交流しましょう。

交流する方法はとってもカンタンで、自分に聞くんです。ノートに書いてもいいです。

「私はだれかに勝つために結婚したいの?」

「それとも、愛する人に愛されて共に生きる、新しい世界に踏み出したいの?」

自分の内側は、必ずあなたに答えをくれます。

外を歩いていてぱっと目についた看板だったり、隣を歩くカップルの会話だったり、テレビをつけた瞬間流れてきた言葉だったり……。

自分の質問をノートに書いて寝ると、夢で教えてくれる場合もあれば、目覚めたときに答えが降ってくることもあります。

私の場合は、数字で教えてもらうことも多いです。街中で見かける車のナンバーだったり、ふと見たデジタル時計の時間だったりね。

いいこと思いついた！と思った瞬間にスマホが11時11分だったら「やっぱりね！」とさらに自信が湧きます（笑）。

あなたの内側は、常にあなたとつながりたいと思っています。聞けば必ず答えてくれます（時間差はある）ので積極的につながっていきましょうね！

Chapter

5

自分も相手も楽になる人間関係の成功法則

コロナ後こそラクに本命とつながれる

これまでに婚活経験のある人は、結婚に本気でない人との出会いやお付き合いの経験に傷つくこともあったかもしれませんね。

私も婚活ウツになる以前の婚活ではそういう思いもたくさんしました。

ただ、今ならそうなるのはこちらの意識に原因があったのだと理解できます。

コロナ以降、婚活の場もこれまでとは変化しています。

変化とは、男女ともに、結婚する気のない人がいなくなったことです。

これまでは遊び半分の人もいたけど、結婚に本気の人だけが残ったということです。

本気で結婚したい人と出会う確率が高い今こそ、男女ともにチャンスですよね。

そのチャンスを生かしていただくために、これまでお付き合いしてきた人に怨(うら)みつらみや怒りが残っている人に向けて、最適なワークをご紹介します。

ここをクリアしてないと、新しい出会いでも同じことが起こりやすいのでご自分に当てはまるか確認してくださいね！

元彼などに怨みつらみがないならやる必要はありません。

元彼に機関銃ワーク

頭の中で、怒りが残っている元彼をイメージします。

頭の中で、元彼のおなかを機関銃で撃ち抜きます。

おまえふざけんな！　死ね！　クソが！　ナメやがって！　あんなこと言いやがって！（お下品ですみません。言い方は真似しなくていいです）

どんな言葉でもかまいません。自分の気が済むまでエア機関銃で撃ちまくる、これをすっきりするまでやります。

数日に分けてやっても良いでしょう。

私は思い出してイラッとする度にやりましたが、そのおかげで元彼のことを思い出してもイラッとしなくなりました。

怒りを直接ぶつける機会がない場合がほとんどでしょうから、このように相手を脳内でぶちのめしましょう（笑）。

怒りを解消した後、しばらくして自分にも良くない部分があったと気づけたら、心で元彼に謝罪しましょう。

ラクに本命とつながるために、もうひとつ自分の心に聞いてほしいことがあります。

これまでのおさらいの意味でも、結婚したいと望みながら、結婚相手に出会ったら困ると思っていることがないかどうかを自分自身に問い合わせましょう。

過去に開催した講座やセミナーで、「結婚相手に出会ったら困る」と思ってない人はいませんでした。結婚したいと口では言うのに、です。

あなたにもチェックしていただきたいところです。

アラフォー以上の婚活女性は、親との関係を見直すことが大切だと書いてきましたが、この〈出会ったら困る〉という思いは非常に単純なものですので、以下のチェック項目に目を通すと気づけるはずです。

結婚相手に出会ったら困る＝結婚したくない

- 毎日ご飯をつくるのがめんどう
- 家事全般が苦手だからやりたくない（相手に文句を言われるのも怖い）
- ひとりの時間がなくなるのがいやだ
- 相手がずっと自分のことを好きでいてくれるのか心配
- 相手を嫌いになったらどうしよう
- 思った通りの人じゃなかったらどうしよう
- 二人の間が険悪になったらどうしよう
- 離婚することになったらどうしよう
- トイレなどの生活音が気になる・恥ずかしい
- 今の仕事をしながら結婚生活を送るのは大変そう

パッと挙げただけで10項目ありますが、ほかにも気になる部分がある人もいるかもしれません。

こうした思考は、それ自体をひとつずつ見ていけばそれほどたいした問題ではありません。

でも、それがあるのに見ないでいると、漠然とした不安が心に広がっている状態で、結婚する！と決めきれずに曖昧なまま行動することになります。

これではたとえ出会いの行動をしても、自分の心は「出会ったら困る」という思いが優勢なので、自分の心の本当の願いが叶う＝出会えないという結果が出ます。

せっかく本命につながりやすくなった〝今〟だからこそ、しっかりと自分の中の不安を明確にしましょう。

まずは、自分の心にある「結婚相手に出会ったら困る理由」を書き出してみます。

それは、しっかり見てあげることで小さくなります。

「そっか～そうだよね～、気持ちはわかるよ」と自分に寄り添いながら、「それ本当に起きるのかな？」と自分に聞いていきます。

そして、そこに折り合いをつけていきます。

こう考えてはいかがでしょう？

- 毎日ご飯をつくるのがめんどう
- 家事全般が苦手だからやりたくない（相手に文句を言われるのも怖い）

全部自分でやろうとしなくていい。お母さんと同じようにできなくていい。最初からできるふりをしなければいいし、相手と話し合ってお互いに協力すればいい。今は便利な家電が何でもやってくれるからどんどん利用する。

- ひとりの時間がなくなるのがいやだ

ひとりの時間がなくなるのは本当なのかな？

四六時中一緒にいるわけでもないし、相手もひとりの時間が欲しい人かもしれない。ひとりの時間はいくらでもつくれるよ（子どもが欲しい人の場合：子育て期はサポートをお願いしてひとり時間を捻出（ねんしゅつ）するしかないけど、子育てできることが幸せだよね）。

・相手がずっと自分のことを好きでいてくれるのか心配

今、起きてないことに振り回されるのはもう卒業すると決めよう！　結婚は、相手に幸せにしてもらうことではないことも、結婚相手に出会う前の今、覚悟しよう。結婚はお互いの努力でいくらでもどうとでもうまくいくようにできている。

・相手を嫌いになったらどうしよう
・思った通りの人じゃなかったらどうしよう

いくらでも離婚できる時代。ただ、そうならないように先に理想の人リストをつくって、出会いたい人にフォーカスしよう。

・二人の間が険悪になったらどうしよう

夫婦間でケンカが起こることを悪いと思わなくて大丈夫！　お互いの関係を良くするためにケンカしたり話し合うことが大事で、二人の関係をつくっていくことから逃げなければ大丈夫！

・離婚することになったらどうしよう

どうしても人生を一緒に歩みたくないのであれば、離婚は決して悪いことではないので大丈夫！　離婚を恐れる前に、今それ起きてるの？　本当に起きるの？と自分に聞こう。

・トイレなどの生活音が気になる・恥ずかしい

結婚とは共同生活だから当然音は出る。育った環境によるかもしれないけど、自分が出す音で嫌われるのではないかと心配するなら、先に伝えておいたらカワイイかも。結婚生活に幻想を抱く男性はほとんどいないので、心配ないよ！

　エチケットとして彼の前でオナラはしないように気をつける、とかで十分（もちろんしたかったらすればいい）。

・今の仕事をしながら結婚生活を送るのは大変そう

話し合いで解決できるよ！　相手も自分も一緒に暮らすのは初めてのことだから、すべては話し合いを重ねることで解決、または折り合いをつけていけばいいんだよ！　何も怖くない！

このように、自分の心の奥底で漠然と広がっていた思いを見つめて、自分に「大丈夫だよ！」と言ってあげることで、心の底から「結婚する！」と決断でき、安心して婚活の場に身を置けるようになります。

続いて、いよいよ実際に出会いの行動を起こしたときに意識してほしいことについてご紹介しますね！

出会いを楽しむ人のポリシーとは

親に心で謝罪もした！　理想の人リストも書いた！　イメージングも楽しんだし、さあ出会いの活動を始めよう！

こうして現実的な行動を起こしたあなたは素晴らしいです。

さて、いざネット婚活に登録し、活動を開始してしばらくすると、その動きが止まる人がいます。

ネット婚活では特に、登録直後がいちばん男性からの引きが強いです。初日から理想と異なる男性からのたくさんのイイねやメッセージに嫌気がさして、「ろくな人がいない……」とアプリを開くこと自体がおっくうになる人もいます。最初だけイイねやメッセージが多かったけど、登録してしばらくすると音沙汰（おとさた）がなくなり、自分の気持ちも徐々に下がってきて、結局活動自体が自然消滅の方向へ……という人も多いです。

がっかりするかもしれないことを先にお伝えしますが、いくらマインドを整えたとしても、少々出会いの活動をしただけでは、ベストな人に出会える確率は低いです。いつも受講生に話すのが、「いきなり100点満点のホームランはむずかしい」。これが現実ではありますが、あなただからそうなるのではなく、だれもが同じです。

この機会に、まずは「婚活とはそういうものだから落ち込まなくて大丈夫！」と自分にインプットしてください。

そして、ネット婚活でも結婚相談所でも、どこで活動するとしても、先に自分なりの活動ポリシーを決めてしまいましょう♪

私のポリシーは以下の通りでした。

- メールの返事をするのは顔写真がある人（ない場合は最初に送ってくださる人）
- 理想の人リストで望んだ年収や年齢からかけ離れていないこと
- コピペメールではない人
- なんとなくいいなと思った人

これらの人とメッセージのやりとりをしました。

今はイイね！から始まるパターンが多いので、どの人にイイねをお返しするか（自分からイイねをする場合も含めて）ポリシーを決めておくと、活動自体をラクに楽しめます。

ネット婚活やアプリはどこで活動してもかまいませんが、有料のところで、1か月更新をオススメしています。婚活は長々やるものではないことと、無料でリスクがない場合、集中して婚活できない人が多いからです。

また、独身証明や年収証明、社員証などを提出できるサイトで活動したほうが、無駄な悩みが生まれないので精神衛生上助かりますよね。ぜひそういう場を選んでください。私はなるべく証明書の提出が多い人とやりとりしました。

年収や職場などでウソをつかれたくない人は、最初から結婚相談所に登録したほうが安心です。ちなみに受講生で40代で結婚する方々は、結婚相談所で理想の人に出会ってあっという間に（3、4か月）ご入籍されることが多いですよ♪

愛されるお断りの流儀

ネット婚活での活動で、理想からかけ離れた人のイイねばかりで、嘆きたくなることもあるでしょう。

でもここで、もしもあなたがイイねをくれた人をディスったりいやな気持ちになっていたとしたら、その段階はもう卒業しましょう。

そのままでは、今後もあなたが望む理想の相手には出会えないからです。

ネット婚活でどんな男性と出会えるかは、今のあなたのマインドが大きく関係します。

そして、流れを変えるのはあなたにしかできないこと。

今日からは、ネット婚活でイイねをくれた人ががっかりするような人だったとしたら、イイねを返さないだけでなく、「私を見つけてくださってありがとうございます♡　でもごめんなさい♡　あなたにすてきな出会いがありますように♡」という気持ちを、あなたの心の中でその彼に送ってください。

「チッ！　おっさんのくせにこんな年収のやつが私にイイねしてくるんじゃねーよ」（またまたお下品ですみません）という気持ちが湧き上がったら、すぐさま「ありがとうございます♡　でもごめんなさい」、これを本気で心でやってみてください。

それだけで、あなたのこれからの出会いの質が変わりますよ。お楽しみに♪

理由は、今のあなたが感じていることが、次にあなたが体験するベースになる、これがこの世の仕組みだからです。とても単純なことなので、ぜひやってくださいね！

婚活中の人間関係の整え方

あなたが理想の人と結婚して楽しい結婚生活を送りたい、その段階に移行したいなら、今の人間関係を整えることを検討しましょう。

まず、自分にネガティブな言葉をぶつけるような人からはそっと離れることは絶対です。

婚活がうまくいかないとき、すでに結婚していて幸せな生活を送っている人に意見を聞きましょう。

婚活した上で結婚した人のほうが、気持ちをわかってもらえることも多いでしょう。まちがっても、まだ結婚していない人に相談しないでください。正しい回答が得られるとは考えにくい上に、愚痴の言い合いになる可能性が高いからです。

合コン後の反省会からも卒業しましょう。男性の悪口やディスりで盛り上がる、それが楽しいうちは結婚はむずかしいです。

「お互いに頑張ってるよね！　私たちは必ず結婚できるよね！」と言い合う愛のある会ならぜひやってください。

婚活の疑問をネット検索する場合も同じです。結婚していない人（婚活中の人）のブログを見るのは最初は元気が出るかもしれませんが、知っている人が幸せになっていくのを見ると落ち込む人には絶対にすすめませんし、男性へのダメ出しや、悪口ばかり書いている婚活ブログならなおさら、あなたを結婚から遠ざけるだけなので見るのはやめましょう。

私は、婚活は友人とではなく、ひとりで行動するものだと思います。

独身同士でいるとラクですが、できれば結婚して幸せそうな人と一緒に過ごす時間を増やしてください。

兄弟・姉妹でそういう人がいるなら会う機会を増やしたり、同僚で結婚している人の考えに触れると、なぜ自分の婚活がうまくいかないか、わかることもあります。

幸せな人がなぜ幸せなのか、そこにはちゃんと理由があるとわかると、ここを取り入れたら自分にもできるかも、と希望がもてますよ！

ただ、身近な人は、独身のあなたに結婚生活をノロケることはあまりないと思います。逆に旦那さんの愚痴を聞かされることのほうが多いかもしれません。

でもそれは、独身のあなたにはノロケにくいというだけで、話のネタとして愚痴っていることのほうが多いはずです。それを真に受けないように。

本当にうまくいっていないなら、もっと深刻なはずですので、愚痴＝ノロケ、くらいに捉えて、幸せな結婚生活を送る人からエネルギーのお裾分け（すそわ）をいただきましょう。

もし身近に幸せな結婚生活を送る人がいないなら、ネットで検索して自分のモデルになりそうな人を探しましょう。

そしてその人の発言から幸せなエネルギーを受け取っていきましょう！

なぜそれをオススメするかというと、意識的に「幸せな結婚をしている人」のエッセンスを自分に取り入れる時間をもてばもつほど、自分にも同じ幸せを与えることを許容できるようになるから、そして婚活に意識を向けることを忘れなくなるからです。

私は身近にいる結婚している友人に会う以外に、ネット婚活をしていた1か月間、登録していたサイトの「成婚ストーリー」の全エピソードを読みました。とてもうれしい気分になりましたし、婚活サイトそのものへの感謝もあふれていました。企業がサイトを運営してくださっていなければ、最愛の夫に出会えてないですから。

あなたなりの婚活ポリシーを決めて、実際の出会いを楽しんでいきましょうね！

一喜一憂グセにはこう対処する

いざポリシーを決めて婚活を始めると（再開すると）こんな悩みが出てくる人がいます。受講生から度々ご相談いただく内容なので、婚活女性のお悩みの代表的なものかもしれません。

「彼からメールの返事が来ない。前回書いた言葉が悪かったのかな……」
「今日はイイねがたくさんきた！」「今日はだれからもイイねがこない……」
「イイねしてくれたからイイねを返したのに、メッセージがない（怒）」

ネット婚活でも結婚相談所でも、活動を始めたらすぐに結婚相手に出会えると思う人もいますが、そういうわけではないことは前にも書きました。
もしもあなたが、目の前で起きていることに一喜一憂するクセがあるとしたら危険です！　婚活の自滅パターン一直線です！（笑）
婚活は軽く明るく楽しむ人だけが成功します！

イイねがこなくなった場合は、できる行動をします。プロフィール写真を変更する、プロフィール文を変更する、自分からどんどんイイねしていく、などなど。ネット婚活の場そのものを変えることも検討してください。

もしも、自分の望みの人となかなかつながらないなら、理想の人リストを見直すタイミングです。

そうした現実的な行動をしていればクヨクヨする暇がありません。前を向く姿勢をもつと、ウェブ上にいる自分（プロフィール）にもダイレクトに反映します。

前を向くほど時間差で良い反応が出るという意味です。

また、具体的な行動を起こす以外にできることとして、一喜一憂グセが出そうになったら、今より一歩、いえ半歩だけでいいので明るい部分を見ることにしましょう。

彼から返事がないのは忙しいだけかもしれないし、返事をする内容ではないと思ったのかもしれない。

あなたが書いたことが原因かどうかは、本人に聞かないとわかりません。

そして、まだ直接対面していないなら、お互いに（または彼は）恋愛感情がない状態、まだ「始まっていない」ので、深く考えなくても大丈夫です。

あまりに反応がなければ、ご縁がなかったと理解して、別の人に移行しましょう。

重要なことをお知らせしますと、本当の相手とは割にトントン拍子で進むことがほとんどです（連絡の行き違いがある場合は別ですが）。

はあ……と落ち込みたくなったら、今日だけは落ち込んで、明日から新しい出会いに進みましょうね！

そのほうが結果的に婚活が長引かずにすみます。

ネット婚活でも結婚相談所でも、その場に登録している男性は、ふだんの生活で出会う男性と同じです。

けれど、独身で結婚したいという望みがある、ということがわかっている男性です。ふだんの生活で出会う男性の場合は、わざわざ質問しなければわかり得ないことが、婚活の場では最初からわかる、これがすごいことなんですよね。

ふだん出会う男性が、感じのいい人悪い人、面白い人そうじゃない人、いろんな人がいるのと同じです。至極当然ですよね？　でも、いざ当事者になるとそうは思わないようです。

受講生に「ネット婚活にはイケメンがいない」「結婚相談所には変な人しかいない」と言われたら、「クラスにかっこいい人どれくらいいましたか？」「今の会社に、独身で結婚したいと思う人はどれくらいいますか？」と聞いています。

それと同じことが、婚活の場で起きているだけなんです。


でも実は、この現象をガラッと変えることができるんです。

それは次の項目で説明しますね！

身近な人のいい部分を探すほど理想の男性が近づく

婚活で出会った男性をネタにしてだれかに面白おかしく話したり、ブログにことの顛末(てんまつ)を書く人よりも、いい人に出会えるまで淡々と婚活する人がサクッと理想の男性と出会って結婚する理由は、男性のどの部分に注目しているかの差にあります。

受講生からも、婚活で出会う男性の言動にイライラ・モヤモヤしたり、対応に困っている等の相談を受けますが、この状況を改善するにはひとつの方法しかありません。

それは、自分の身近な男性の良い部分を探すこと、自分の目の前にいる男性の良い部分を探す姿勢をもつことです。

「そんなこと言われても、良い部分なんてない！」と思いたくなる気持ちも十分わかります。私には長い婚活歴がありますから（だから婚活歴が長引いたんです）。

その私が、自分の経験を生かして何歳の女性でも理想通りの人と結婚する方法をお伝えし、実践したアラフォー・アラフィフ女性がたくさん結婚していますので、ぜひお伝えすることを信じてやってみてください。

身近な男性や自分の目の前にいる男性のいい部分を探すと何が起こるのか？

まず、万が一「なんで私が好きでもない男性のいい部分を探さないといけないの？」という気持ちがあったとしてもご自分を責めないでください。

これまでにお伝えしてきたこととつながります（第3章ではお父さんとの関係を見直すこと、本章では元彼に恨みがあるなら解消しておくことなどをお伝えしてきました）。

お父さんや元彼だけでなく、同僚や上司、部下、兄弟など、身近にいる人ほど見る目が厳しくなってしまうこと、ありますすよね。

女性はもともと細やかな部分に気づきやすいので、余計にそう感じるのだと思います。

身近な男性や自分の目の前にいる男性の良い部分を探すと、ネット婚活でも結婚相談所でも、出会う男性がどんどん理想の男性に近づいていく、という現象が起きます。

身近な男性のいい部分に目を向けるクセがついている人ほど、結婚相手に出会うのも早いです。

理想を下げたからではなく、男性とはどういう存在なのか、男性の良さ・素晴らしさを自分の中で刷新したからです。男性を見る目に愛が加わった、ということです。

5 身近な男性や自分の目の前にいる男性のいい部分を探す方法

(この本を読む人全員がこう思うわけではないですが)

「男ってバカだから」
「ろくでもないやつばかり」
「気持ち悪いし理解できない」

男性に対してこのような固定観念が生まれたきっかけが過去にあり、そう思うことでメリットもたくさんあったことでしょう。しかしこれまで婚活や恋愛で悩んできたのだとしたら、その固定観念が大きく影響しているのは紛れもない事実です。

〈絶対にない〉と思う気持ちをいったん横に置いて、「私は身近な男性のいい部分を探すことができる」と先に決めてください。

すべての男性と仲良くなる必要もなければ、好きになる必要もまったくありません。嫌いな人は嫌いなままでかまいません。

ただ、見方をこう変えるだけです。

「この人が素晴らしい男性だとしたら？」

「この人にいい部分があるとしたら？」
「この人が正しかったとしたら？」

さらにこの考えも追加しましょう。

「この世に完璧な人はいない」
「もちろん私も完璧でなくていい」

一度深い呼吸をして、身近な男性を思い浮かべ、彼の素晴らしいところはどこだろう？と考えを巡らせます。

たとえば、これまでバカだと思っていた男性の、自分にはない純粋さや素直さに気づくかもしれません。

自慢話ばかりの男性の、努力や苦労がわかるかもしれません。

ダメなやつだと見下してきた男性が、そこまでダメなわけではないかもと思えるかもしれません。

どうしてもいい部分を探せないとき

その場合は確実に、自分の中の愛が枯渇しています。

なのでぜひ、自分のいい部分に目を向けて、これでもかというほど愛を注いでください。褒め称えてください。

いい部分だけでなく、自分の存在をまるごと素晴らしいと決めてください。理由なんてないけど最高だと自分に伝えてください。

親へのひっそり謝罪ワークをした後なら、自分に愛を注げるはずです。忘れていたとしたら、再度愛を注ぎましょう。

自分に愛を注ぐほど、愛が湧き出てきます。

愛は、自分の中に無尽蔵にあります。そして愛は、使えば使うほど増えます。ためておく必要がないのです。

永遠に湧き出る泉のような愛は、確実に自分の中にあります。

自分の中に愛が満たされあふれるほどになると、目の前の男性（生きとし生けるものすべて）が輝いて見えるようになります。

そのとき、自分では気づかなくてもあなたの存在そのものが輝くので、理想の男性に見つけてもらいやすくなる、というおまけもついてきます。

あなたを大切にしない人から離れる

ご相談の中には、なぜそんな人と付き合っているの？と首をかしげたくなることがあります。

それは、あなたをぞんざいに扱う人のことです。

約束を平気で破ったり、自分の都合のいいときだけ「会いたい」と言ったり、深夜に連絡してきて「部屋に行きたい」と言ったり。

そういう人があなたの理想の男性なのだとしたらお付き合いを続けてもいいですが、よほどあなたの意識が変わらなければその人と結婚に至ることはないです。

いつか変わってくれるだろう、結婚したら変わるはず、そういう幻想を男性に抱く人が確実に結婚後に言う言葉が「結婚したら変わると思ってた」という言葉。

男性は変わりませんよ。

変わるとしたら、あなたの意識が変わったとき、または、あなたでなく別の相手に変わったときです。

あなたの幸せや喜びは、あなたにしかわかりません。だからあなたが決めればいいことではありますが、お伝えしておきますね。

いやな男性が教えてくれる珠玉の情報

婚活の場に限ったことではないのですが、職場や趣味の場でもどこでも、出会う男性が教えてくれることはたくさんあります。

ここでは私の経験を書かせてください。大学2年の夏、友達4人で神戸に旅行しました。そこで観光タクシーに勧誘されて、特に目的もやることも決めてなかったので、数時間お願いすることにしました。

タクシーの運転手さんが名所を案内してくれて、写真も撮ってくれたのですが、そのとき私は運転手さんにこう言われました。

「なんでせっかく写真撮ってるのに笑わない?」

「キミねぇ、笑ったほうが魅力的なんだから、もっと笑いなさい」

そうひとりだけ注意され、ポーズの取り方とか、笑い方をしばらく指南されました(笑)。

私はそのときまだ若く、「せっかくの楽しい旅行なのにうるさいなー」と心でムカつきつつも、言われたままやり、散々ダメ出しされて、しばらく楽しくない時間を過ごしたのですが、あとであの人の言ってることはもっともだな、と思いました。そして今ではあの運転手さんに感謝しています。

実はこうした耳の痛い言葉って、自分にとって大事なことに気づくチャンスですが、だれも教えてくれないんですよ。だから、なかなか気づけません。

だれだって、相手の気に障ることをわざわざ言って関係を悪くしたくないですものね。

このときの私の場合は、お支払いしているお客だから、いい写真が撮れるように本当のことを教えてくれたのだと思います（といっても運転手さんにとってはおそらくよくあることで、気軽に伝えたと思いますが）。

今でも私は常に笑顔でいることはできませんが（笑）、写真を撮られるときは満面の笑みで写ります。それが当たり前だから婚活サイト用の写真も笑顔で撮れました。学生時代に出会ったお節介なおじさんに救っていただき感謝しています。

婚活を含むさまざまなところで出会う男性との間で起こることで、いやな経験をすることもありますよね。

失礼だと思うようなことをされたり、何げない言葉や態度に傷つくこともあります。そのときこそ、自分がどんな男性を求めているのかに気づけるチャンスなんです！

私が婚活ウツになる前の、婚活がうまくいかないときほど出会う男性のいやな部分をディスっていました。

でも、結婚したいなら、ディスることでいやな部分にフォーカスするのではなく、その経験を生かして「私は〇〇な人を望む！」と強く意図すればいいのです。

たとえば、連絡がマメではない人とのお付き合いにほとほと疲れた経験がある人は、「私は連絡をこまめにしてくれる人がいい！」と決めましょう。

たとえば、言葉遣いが乱暴な人と出会って怖い思いをした経験があるなら、「私は丁寧な言葉遣いで接してくれる人がいい！」と決めましょう。

こうした経験を理想の人リストに入れ込むことで、あなたが望む男性に出会える確率が高まります♡

いつ会えるの？が危険な理由

願いが叶うことからいちばん遠くにあるのが「いったいいつ出会えるの？」という焦りや悲しみの気持ちです。ご存じでしたか？

ふとしたときに、こんなに出会いの活動をしているのになぜ私は結婚相手に出会えないんだろう。このまま出会えなかったらどうしよう……という沼にハマること。だれでも経験があるのではないでしょうか。

私も婚活期は何度も沼にハマりましたが、あるとき「焦りや悲しみ」という感情こそが自分の願いを遠ざけると知り、「これはまずい!!」と立て直しを図りました。

なぜ願いを遠ざけるのか、これまでにも書いてきましたが、今自分が感じている感情が、次の現実をつくるから。

今、焦りや悲しみを存分に味わうなら、今後もそういう感情を味わうべく現実がつくられる、ということです。

願いが叶うようなことが起きたら、ホッと安心していたり、落ち着いた気持ちでいますよね。そして喜びで心が満たされます。

その感覚を「今」感じるには、目の前で起きていることだけに振り回されない必要があるのですが、実はこれはだれにとってもむずかしいことなんです。

今起きている現実に振り回されないためのアイテムが、これまでにお伝えした「理想の人リスト」「あるものを数える」などです。なので「理想の人リスト」のイメージングをしてそうなった自分をイメージしてホッとする時間をどんどんつくることは必須です。

でもそういうことも全部、十分やったよという方は、自分に好きなものを与える時間をたくさんとりましょう。

たとえば好きなタレントなどがいるなら、その彼が出ている動画を何度も見て安らいだ気分でいる時間をたくさんつくります。

好きなマンガを読む、テレビを見るのでもいいです。とにかく、自分が好きなものならなんでもいいので、これまで以上にそれらを取り入れて、自分に「うれしい……♡」「しあわせ……♡」と感じる時間をたっぷり与えましょう。

私の場合は、婚活当時は生田斗真（いくたとうま）くんにハマっていたので、暇さえあれば画像を眺め、録画したドラマを見てはホクホクしておりました（笑）。

こういう行為はバカにしたものではなく、私の婚活にものすごくいい影響を与えてくれたと思います。「この人好き……♡」「すてき……♡」という思いが日々あることで、自分の内側が喜ぶんですよ。そして、再三書いている通り、今感じていることが明日の経験を連れてくるので、現実に「すてき……♡」のようなことが起こってくるのです。

いつなの？　いったいいつ出会えるの⁇

こうした思いがあると、楽しくないですよね。

楽しくない思いは、自分を幸せにしていません。

出会う男性をディスっている行為も楽しくないはずです。

なぜならディスっているときの顔が笑っていないから。

笑ってないということは、少なくともそのときは美しいあなたではないということ。

そういう自分を続けたいですか？

それとも「すてき……♡」「ホッと安心する……♡」という感情を味わう笑顔のあなたでいたいですか？

好きな方を選べます。

結婚相手に出会えるのは、もちろん笑顔のあなたです！

明るく軽やかな自分は即席でつくれる

私はいつも受講生に、「軽く明るく出会っていこう！」と伝えています。出会うことや結婚に真剣であってほしいけど、深刻さはいらないからです。真面目な人ほど深刻さもあって、それはそれでチャーミングでいいのですが、婚活の場においてはウケません。

男性は、自分に笑顔を向けてくれる人が好きなんです。

どんなに美しくても自分に笑顔を向けないなら、頑張って振り向かせようとはしない人が多いです。婚活に限らず一般の場でも同じです。よほど一緒にいる時間が長く、女性の魅力をわかる時間がある場合は別ですが（同じ職場などの接点がある場合）、婚活の場のような出会う時間が限られている場合は特に、自分に向けて笑顔がない人に、また会いたいと思う男性はほとんどいないんです。

これから理想の人に出会っていくあなたにとって、出会いの一つ一つに緊張するでしょうし、疲れることもあると思います。

深刻なときは、「この人は私の理想の人だろうか?」、こんなふうに相手をジャッジしようとしているかもしれません。

これがよけいに婚活を重く疲れるものにしてしまうんですよね。

でもそれではあなた本来の魅力が出てないはずだから、もったいないです。

それよりも、お見合いの席を、ネット婚活で出会った人との初対面を、彼と一緒に楽しもう！という思考に切り替えましょう。

この切り替えは案外カンタンですのでやってみてください。

約束の当日、出かける前や、待ち合わせの前に化粧室で鏡を見ながら自分にこう言います。

「今日のお見合い（初対面）、めちゃくちゃ楽しかった！　安心できる人で良かった♪今日は本当にいい日だった♡　私って最高!!!」

この言葉の魔力は侮れません。

めちゃくちゃ自分を軽くしてくれます。

親へのひっそり謝罪ワークをした後であれば、この言葉を鏡の中の自分にすんなり贈ることができます。

この言葉を自分に伝えることで、肩の力が抜けてリラックスできて、肌は内側から輝き、あなたがさらにかわいくなる魔法の言葉でもあります。

ぜひ試してみてくださいね♪

ケチつける人はケチつけられる人

これまで何度か、身近な男性や婚活の場で出会う男性をディスるのをやめましょうと書きましたが、そのいちばんの理由はあなた自身のためです。

私が実感したことでもあります。

どんなに表面で笑顔をつくっていたとしても、あれがダメ、ここがダメ、あり得ない、最悪、たいしたことない、と心の中で相手をジャッジするなら、それがそのまま伝わります。

目の前の相手には伝わらなかったとしても、今後出会うあなたが「すてき♡」と思う人に、ネガティブに思われます。お相手が表面上は笑顔でお話ししていたとしても、です。

外見やスペックや人当たりなどがいいなと思う人にだけイイ顔をして、さえない男性のことを陰でこき下ろすなら、自分が放っているモノが〈いびつで満たされないカタマリ〉なんです。

そして、〈自分が放つモノ＝自分が受け取れるモノ〉、これがこの世の決まりごとなので、自分が受け取れるモノはつねに〈いびつで満たされないナニカ〉となります。

こういう仕組みなので、あきらめてください（笑）。

これまでのワークをやってくださっていれば、あなたには自分を幸せにしようという純粋な気持ちや、愛のパワーであふれているはずです。

これまでのクセが出てだれかをジャッジしようとしても、「違った！」と思い出すことができればそれでいいのです。

そして、ケチつけるのをやめて愛の目で目の前の男性を見る。

「いい部分はたくさんあったけど私の結婚相手ではない。お時間くださってありがとう。あなたに素晴らしい出会いがありますように」

こうして心で感謝すると、あなた自身が満足感を覚えるはずです。そして、あまりにもピンとこない出会いが続くのであれば、理想の人リストを再調整&イメージングをし直して、可能ならプロフィール写真も刷新して、新たに出会っていきましょう。

愛があふれているあなたを見逃す男性はいなくなります。すると、多くの男性の中からベストな男性を自分が選べるということも起こりますのでどうぞお楽しみに♪

Chapter

6

「愛し愛される」を叶えるLOVEの法則

プロポーズされる女(ひと)の在り方とは

これまでにお伝えしてきたマインド面の変革（謝罪や理想の人リスト等）と出会いの活動を経て、実際に理想の人に出会ってお付き合いが始まった人も多いと思います。最後の章では、理想の人との関係の築き方、理想の人に愛されプロポーズされ結婚する女性とはどんな女性か、そして結婚後も活用できるマインドの保ち方をお伝えします！


ここであなたに質問です。

どんな女性なら理想の人に愛されてプロポーズされて結婚すると思いますか？

もしも、お付き合いしたら自動的に、またはある程度時間が経ったらプロポーズされるんじゃないの？と思った人がいたらごめんなさい！　婚活に、そうした決まりごとや当たり前はありません。愛は、勝手には育たないものです。

結婚相談所で出会った場合でも、スタッフはあなたがプロポーズされるまで一生懸命手を差し伸べてくれますが、あなた自身が何もしないでいいということではありません。

ましてや一般の場やネット婚活で出会った場合、仲介してくれる人はいませんので、サクッとプロポーズされたい場合はこれから書くことが役に立つでしょう。

さて、プロポーズされる人とはどんな女性か考えたとき、料理が上手とか、献身的とか、素直でかわいらしいなど、いろいろ思い浮かんだでしょうか。

たしかにそんな女性ならプロポーズされるかもしれませんね。

でもそれは、表面上のきっかけに過ぎません。

料理が上手だから即プロポーズされることはないし、目で見てわかることよりも大事なことがあるという意味です。

男性にとっての結婚は、女性が考えるよりも責任重大だと捉えている人が多く、しっかりとした考えをもつ人ほど簡単にプロポーズしない傾向にあります。

今後一生、自分以外の人（大事な妻や子ども）を守っていく覚悟をもつ＝結婚ですから、大変な役割です。男性の器の大きさをいつもすごいと思っています。

プロポーズするということは、その覚悟をもってもいい、もちたい、と思える女性か否かという目線が男性にあると思ってください。

男性は、この女性をほかの男性に渡したくないと思ったとき、自分にとっての特別な女性であると感じ、この人と一緒なら人生を楽しくやっていけそうだと思ったとき、結婚を考えます。

男性によって結婚相手に望むポイントが違うと同時に、結婚までの展開のテンポも人それぞれ違います。

ネット婚活でもプロフィールに結婚したい時期についての質問があります。サイトによりますが「出会って1年以内」「出会って3年以内」など。

これは目安でしかないのですが、私は婚活当時のプロフィールは「出会って1年以内」にしており、夫は「お相手に合わせる」だったと記憶しています。

必ずその通りになるとはかぎりませんが、これからネット婚活を利用する場合、男性が結婚時期をどう考えているかはチェックしておきましょう。

この人と一緒なら人生を楽しくやっていけそう、とか、困難があっても一緒に乗り越えてくれそうだ、と思えた女性であれば、料理上手とか外見や年齢などは絶対条件ではないんですよね。

なぜなら、お付き合いを決めた段階で、男性にとってその女性の外見を含んだ雰囲気は好みのはずですから。

ではどんな女性ならほかの男性に渡したくないし、自分と一緒に人生を歩んでほしいと思うのでしょうか。

それは、自分を応援してくれる人、そして、自分と一緒にいて幸せそうな人です。

自分の調子が良いときに応援してくれるだけでなく、困難に陥ったときにも責めずに落ち着いていて、どんなときも明るく元気にそばにいてくれる女性なら安心感が増します。

安心感が増すとは、あなたに心を開くということ。

理想の男性と出会い結婚するには、あなた自身が心を開いているかどうかが大事だと書いてきましたが、心を開いた素直なあなたのままで彼と接することで、彼もどんどんあなたに心を開いてきます。

婚活の場にいる男性は、能力やポテンシャルが高い人もたくさんいますが、女性とのコミュニケーションに慣れていない人も多々います。これまでの人生（学校や職場）

で女性と接点がなかったり、たまたま女性との縁がなかったけど、結婚を望む人たちです。

なかでも多いのが、必要なことは伝えるけどよけいなことを話さない人。お見合いで会うと「つまらない男」と一蹴されそうですよね（笑）。

こういう人は、慣れてくるといろいろ話すようになる人も多いんです。最初の頃は緊張もあり、コミュニケーションが得意じゃないと思い込んでいる場合は特によけいなことを話さないのかもしれません。下手なことを言って嫌われたくないという思いもあるのでしょう。

こういうおとなしい男性の場合だけではなく、婚活の場にいる男性とのお付き合いで必ずオススメしているのが、自分からどんどん愛の言葉を伝えていくこと。

男性は、自分を応援してくれる女性と人生を歩みたいと思います。そのほうが力がさらに湧いてくるし、自分のそばにいる女性が幸せそうにしているのを見ることが人生の喜びであり、自分が彼女を幸せにできている、と男としての自信もつくんですよね。

これが、プロポーズされる女性のポイントです。

ちなみに、夫が私と結婚を決めた理由を披露宴の締めの挨拶で言ってくれたのですが、それがこちら。「友美さんが『過去に戻りたいと思ったことがない。今がいちばんいい』と言ったことが自分と価値観が近いと思ったから」

そしてこの原稿の執筆中、結婚10年以上経って再度夫に確認したら、こういうことでした（夫、わざわざ文章化してくれました（笑））。

二人で話をしていて「昔に戻りたいとは思ったことがない」と彼女が言うのを聞いて、将来を見据えて同じ人生を歩める人だと思えた。「あの頃は良かった」と言う人は少なからずいる。そう思うことは誰にでもある。でも、「あの頃に戻りたい」と自分で思ったことはない。良いことも悪いことも経験して、そこから学んだことで今の自分があるという、過去への感謝の気持ちがあれば「あの頃に戻りたい」と思うことはないんじゃないか。そんな思いを共有できる人であれば、一緒に成長して、将来を見据えたより良い人生を共に歩めるのではないか、と思ったのが結婚を決めた理由。

やっぱり、自分と同じようなマインドの人が引き合うことがよくわかりますね！

この話はこの本で書いてきたことと実は同じなんですよね。

「今が幸せだと思っている」「私を愛している（経験含め）」。こうした意識から生まれている考えだからです。

そして、理想の人リストに「私の考え方が好きな人」と入れたのがしっかり叶っていますね！

今の私の仕事もまさしくこのように夫は応援してくれていますが、リストにはもちろん「私のやりたいことを応援してくれる人」と入れています。

理想の人リスト、すごい！（自画自賛）

自分から彼に愛の言葉を伝えていく具体例

では関係を築く上で彼にどんな愛を伝えていけばいいかを紹介します。

自分に愛を送るのと同じで、彼は素晴らしい人間であるという愛の目線で接すること。これは前章にも書きましたね！
私がやってきて、だれにでもできる簡単なものを例に挙げます。

「あなたのような人に出会えてうれしい♡」となんでもない日に伝える。
「あなたは私の理想の人。私と出会ってくれてありがとう♡　付き合ってくれてありがとう♡」となんでもない日に伝える。

何かしてくれたことがあればめちゃくちゃ喜ぶ。

たとえば……
付き合い始めの頃ディズニーランドに行ったとき、肌寒いときのために寒がりの私に上着を用意してくれていたことがあった。びっくりしたけどとてもうれしくて何度も感謝を伝えた。実際に暖かくて助かった♪

ご飯をごちそうしてもらったら、何度も大げさなほどお礼の言葉を伝える。私がやっていたのは、その場で、帰り際に、夜のメールで、という感じで「おいしかった！　ごちそうさま♡」と伝えた。

仕事で大変そうならいたわりの言葉だけでなく、信頼されて責任ある立場であることへの尊敬の言葉を伝える。

彼の話を笑顔で聞く。
彼の言葉に傷ついたら、素直にショックだったと伝える。

私はネット婚活で夫のプロフィールを見たときに、おまじないの効果のお知らせがあり、「この人かも……」と思ったのですが（第4章）、お付き合いを始めたばかりの頃は、まだ夫は私ほど強く「この人だ！」とは思っていない様子でした。

（でも、そういうものです。理想の人リストをつくっているのはこちらです。こちらが積極的に「こういう人と結婚したい!!!」と意図しているわけですから、相手側よりも先に気づくのは当然で、気づいていない相手に「私だよ」とアピールしていくのも当然やるべきこと。そこに私がお伝えしている「何歳でも理想通りの男性と出会って結婚する人」の愛される要素が詰まっているのです。積極的に望んで意図してから行動に移すのです）

彼のどんな言葉に傷ついたのか。それはメールの文面でした。具体的な言葉は忘れましたが、私は結婚を見据えたお付き合いをしているし真剣に彼とのことを考えているのに、彼からは結婚相手よりはもっと軽い彼女感を感じたんですよね。それで悲しくなったので、そのまま伝えました。

「私は（結婚相手は）あなただと思っているけど、あなたは軽い感じのお付き合いと思っているようで悲しかった」

その後は、彼にも過去の女性との付き合いからきている思いや理由があったようで、仲直りしましたが、何が言いたいかというと、彼に感謝の言葉を伝えるだけではないということです。自分がいやだと思ったことは素直に伝えてきたし、感謝ももちろんそのまま伝えました。これは今でも同じです。

口数が少ない男性の場合、何を考えているかわからなくて戸惑いますよね。でも、あなたが「この人だ！」と思ったのであれば、やっぱり素直な気持ちを伝えていくことで、お互いの間の壁がだんだん薄くなっていきます。

この場合のコツは、彼が言ってくれないから言わない、ではなく、どんどん私から言っちゃおう！です（笑）。

場合によっては、プロポーズも自分からしてもいいと思いますよ♪　受講生でも、自分からのプロポーズで結婚した人、います！

私の場合は夫にプロポーズしてもらいましたが、出会った当初からことあるごとに「あなたは私にとって最高の人！」と伝えてきたので、私の気持ちはわかっていたと思います（笑）。

人間関係は、血のつながらない関係なら特に、言わなければ伝わりません（血がつながっていても言わなければわからないことは多い）。

たとえ相手が自分に言わなくても、自分の素直な気持ちを伝え続けることが、彼からのプロポーズを促進させます。私がやってきたことは恋愛テクニックというよりは、自分に送る愛と同じものを相手にも送ること。お金も一切かからずお付き合いの進展が早まるので、ぜひやってみてくださいね！

彼に愛を送るといいとは書いてきましたが、「私が彼を応援してばかりなの？　私も応援してほしい」と思いましたか？　もちろん、あなたも彼から応援されます。男性は、あなたが思うよりずっと、愛が深く優しさにあふれています。

あなたが「応援してほしい」と言えば必ず応援してくれます。

「応援してほしいって言わないとわからないの？」。これもわかりますが、男性は目に見えてわかる状況でない限り気づかないことが多いです。女性とは視野が違うことと、細かいことには気づきませんし、空気も読みません（全員ではない）。

男性は、伝えたことがすべてです。

でも、助けてほしいときにお願いすると、必ず期待に応えてくれます。それが男性です。彼に応援してほしい、助けてほしいなら、それをそのまま素直に伝えましょう。

察してもらおうとするから重くなる

「結婚」という言葉を出したら重い女だと思われるのではないか？と心配する女性がたくさんいます。以前の私もそう思っていたので、気持ちは十分わかります。

でも、婚活の場で出会っているなら、「結婚」の話題がないほうが変です。

そして、相手から言ってくれないかな……という求める気持ち（気づいて！　察して！）のほうがよっぽど相手にとって重く感じます（笑）。

今お付き合いしている人や気になる人が、婚活の場ではなく一般の出会いだったとしても、相手が独身主義なら、それを知らないのは結婚したい女性にとって痛手です。前にも書きましたが、自分が変わらない限り、いつか彼が変わってくれるだろう、という望みが叶うことはありません。

自分自身のために、出会った彼が結婚する気があるかどうかを確認することを恐れないでください。もしも直接的な質問をしにくいなら、「私との結婚」ではなく「これまでに結婚したいと思ったことある？」という質問でも、そのときの反応でどんな考えの持ち主かわかります。もしくは友達に聞いてもらうなど、何でも方法はありますよね。

私たちにとって間違いがないのは、時間は有限ということだけです。どんなお付き合いであれ、自分のことを大切にする意識をもってくださいね♡

スマートな男性がつくられる理由

結婚相手を探すとき、男性に何を求めるのか？ たとえばエスコートがうまい男性とか、会話のうまさなどを求める人も多いですが、そういう人は既婚であることが多いです。独身だとしても婚活の場にはいないか、すでにお付き合いしている人がいることがほとんどです。なぜならわかりやすく女性にモテるからです。

そして、スマートでかっこいい男性というのは、奥さんや彼女の力による部分も大きいです。一緒にいる人が彼をかっこ良くしているのであって、逆に考えると、お付き合いする男性があなたによってどんどんかっこ良くなることはよくあります。

婚活を始めてからわかることもたくさんあるので、気づきが起こったらその都度「理想の人リスト」をリフレッシュして、前に一歩踏み出しましょう！

自分を許している女(ひと)は即決される

これまでプロポーズされる女(ひと)の在り方を書いてきましたが、理想の男性に出会って自分との結婚を即決してもらいたいなら、あなたが自分を許していることが大前提です。

第2章でごめんねワークの必要性について強くお伝えしましたが、それを日々やってくださると、自分の意識がこんなふうに変わっていきます。

「私は理想通りの人に愛されて結婚する女だ」
「私と出会って結婚できるなんてラッキーな男性だ」

100%とまではいかなくても、こういう意識が念頭にあるのではないでしょうか。

これがまさに、自分を許している状態です。

自分を許している状態には抵抗の意識がありません（抵抗の意識とは、私は出会えたとしても選ばれないだろうとか、私には無理だ、など）。

この状態であればスムーズに物事が流れます。

たとえ修正すべき部分が出てきたとしても、どう対応すればいいのかすぐにわかります。

私は夫と出会ってちょうど1年後に入籍しましたが、お互いの結婚の意思はお付き合いを始めて2か月頃には固まっていました。

2か月では即決とは言わないのかもしれませんが（笑）、さすがにこれからの人生を左右する決断ですから、この人がいいと決めるまでにこれくらいはかかるのは当然だと思います。

理想の人かどうかわからないと迷う理由

結婚を決断する理由やタイミングは、人それぞれですよね。

私がネットニュースか何かで見たことがある理由で驚いたのが、「婚活の場で最初に出会った人と結婚すると決めていた」というもの。

結果的に、いちばん最初にお見合いした相手が、人間的に自分と合ったということだったのかもしれませんが、「お見合いはこの人としかしていない」とも書いてありました。

この方法は、自分を信じる力が強く、迷うことに時間を費やしたくない人にはピッタリかもしれません。

婚活だけでなく、買い物でも仕事でもどんなジャンルでも、迷うこと自体が自分の大事なエネルギーを消耗します。でも、迷うことそのものを楽しむ人もいます。もちろん当の本人は苦しいんですよ。

私も経験しているのでわかるのですが、決められない、決めなくてもよいという状態にあることで、物事が進まないんです。停滞の状態を望んでいる人もいるんです。第5章でも書いた「結婚相手に出会ったら困る理由」ともつながりますね。

結婚したいと言いながら実は結婚を恐れている、という心の本音の部分です。

迷っていたいならいっそのこと迷うことを楽しんでしまうといいですよ！

自分の人生の責任を自分でとる覚悟があれば、あなたにとって無駄なことは何ひとつありませんから。

最初から「この人ではない、違う」と思うなら1秒も迷うことはありません。

出会った人が理想の人かどうかわからないときは、相手の条件（スペック）はOKだけど自分の心が追いついていかない、またはその逆パターンのどちらかでしょう。

理想の人リストに入れたおまじないが効いてない、お知らせがないと感じても、その彼と一緒にいるとなぜか安心する、ホッとする、自分らしくいられて自分を出せる、かっこつけなくてもいい……なぜかわからないけどこう思える相手なら、彼があなたにとってベストな相手に近いと思います。

なぜなら、人生でそんなふうに思える相手とはそうそう出会えないからです。ご自分の経験を振り返ってみてもそうではないでしょうか？

ただ、どうしても条件やスペック部分で譲れないことがあるなら、理想の人リストを調整してイメージングしてから新たな人に出会っていけばいいですよ。

出会った人が理想の人リスト通りの男性なのに、彼を好きになれないとしたら理想の人リストが間違っています。

ウソつきリストができあがっている可能性が高いので、自分のためにゆったりとした時間を確保して、自分の心が本当は何を望んでいるのかを問い合わせてみましょう。

ここで、数字的な条件に関して大事なお知らせがあります。

理想の人リストに数字でわかること（年齢や身長、年収など）は書きましょうとお伝えしました。宇宙にわかりやすいように、リストでこういう相手に出会いたいと意図することはぜひやってほしいのですが、実際に出会った相手が多少望みとずれていたとしても、誤差だと思ってください。

たとえば身長が望んだものより10センチ以上違うとなると（例：１７５センチと望んで１６３センチ）、この人ではないとわかりますよね。でも、この場合１７２センチ以上あれば十分理想に近いかなと思います。年収にいたっては、今後伸びる可能性もありますので、望んだ数字とピッタリでないからといってこの人じゃないとするのはどうでしょうか。もしもその人と一緒にいてしっくりくるのであれば判断を誤らないでほしいと思います。あまりにも望みとかけ離れているならわかりやすいのですが、多少の差は気にしなくていいのではないかと思います。

私の場合、当時の夫の年収は望みよりも少しだけ低かったのですが（といっても望みが異常に高かった）、夫は、結婚後ほんの数年で、私が最初にリストで望んだ年収をあっさりと超えています。

そういうことが軽く起こるのが、私がお伝えしている婚活マインドですので、ぜひ望みを遠慮せずに、そして出会った相手をスペックだけで判断せずに、愛の目で男性を見て関係性をつくっていってくださいね！

憶測はすべてハズれている

まだお付き合いしていない男性（自分が好意をもっている男性）とのメールのやりとりで、よくわからないときや、既読スルーなどスムーズなやりとりができないときなど、彼にどう思われているんだろう？といろいろと憶測しない人はいないと思います。憶測するということは、期待があるということですよね。完全に終わっていたら憶測もできません。

自分の憶測によって傷つく人も多いのではっきりとお伝えしますが、その憶測はすべてハズれています。

当たらずといえども遠からず、の場合もありますが、真意は彼にしかわかりません。だから憶測でクヨクヨするのは金輪際やめましょう。

婚活女性なら特に、時間がもったいないです。

講座などでも、「彼がこう言った」「彼のこの言葉はどういう意味ですか？」と聞かれることもあります。一応予測はできますが、やっぱり本当のことは彼にしかわかりませんし、実は男性は、そんなに深く考えていないことが多いです。

憶測する時間があるなら直接聞くか、彼の反応を気にせずあなたらしさをまっとうして明るく人生を楽しんでいれば、またチャンスは巡ってきますよ！

軽く明るく婚活する人が、最愛の人に出会える人です♪

大丈夫。あなたは拒絶されてない

受講生と接していてすごく多かったのが、男性から断られることが拒絶だと感じる人。

断られる内容が、単なるデートの日程だったとしてもです。

これは極端な例ですが、男性との対話で違う意見を言われたときに、自分の意見を受け入れられない、反対された、これを拒絶されたと感じる人は多いようです。

女性同士ならお互いに相手に合わせたり、相手を傷つけないように配慮するからこそ、男性との間での意見の相違を受け入れがたく感じるのかもしれません。

私は夫とお付き合いしている間、ほとんどケンカしたことがありませんでした。はじめて口ゲンカっぽくなったのが、某ホテルでの結婚式披露宴の打ち合わせでの帰り道。ケンカと言うより私が勝手に拗ねて無口になっただけなのですが(笑)。

電車で帰るときに夫に「なんか機嫌悪いけどどうしたの？」と聞かれたので、理由を話しました。「私の意見を全部否定する！」

結婚式披露宴の準備はボリュームが多く、ケンカに発展しやすいみたいですが、このとき私が悲しかったのは、私が意見を言うとことごとく夫に「それは違うんじゃない？」と否定されたからです。

そしたら夫がこう言いました。「僕は自分の意見を言っちゃダメなの？」

夫の言葉を聞いて、あ、その通りだ、夫にも意見があるのは当然だ……と思いました。意見が合わないことが悪いわけではないんですよね。お互いそれぞれ意見があることが当然なのに、そんな当たり前のことに気づいていませんでした。

私はそれまで、違う意見を言われることは拒絶だと思っていたんです。そうはっきり認識してはいませんでしたが、そのときに気づきました。

意見の相違はけっして拒絶ではないのに、なぜそう思い込んでいたんでしょうね。それまでは反対されることがほとんどなかったのかもしれません（笑）。

要するに、自分の意見に反対されることが拒絶じゃない、と知っておくといいですよ！というお話です。

今でも夫とはほとんどケンカはしませんが、言う必要があることはお互いにはっきりと伝えています。ケンカっぽくなることもごくたまに（年に1回程度）ありますが、それはお互いまたはどちらかの機嫌が悪いときです（苦笑）。

愛されているとしたら？の視点をもつ

親の愛と結婚相手の愛を同じだと思っていると、恋愛や結婚が思い通りにならず苦労することが多いはずです。

なぜなら親は無条件の愛をくれる存在ですが、結婚相手はそうではないからです。

無条件とは、最終的にはどんな自分をも肯定し受け入れてくれることです。もちろんそうじゃない人もいると思いますが、それはあなたの人間的成長のためであったことも多分にあるはずです。すべてを肯定し受け入れてくれることを当然だと思っていると、出会う男性にも同じことを求めます。


結婚相手なら私のすべてを受け入れるのが当然！

私の意見に賛成するのが当然！

私のどんなわがままでも受け止めるのが愛しているということ！

そうじゃないなら彼は私を愛してはいない。
私を甘やかしてくれないから愛されてない。

もしも、理想の彼とのお付き合いの中で、彼に対してこんなモヤモヤした感情が出てきたら、いったんそのモヤモヤを横に置いて、こんなふうに考えてみてください。

「もしも愛されているとしたら？」
「彼に愛があるとしたら？」

彼から厳しい意見を言われたとしても、それが二人で家庭を築いていくために必要なことであれば、逃げずに向き合いましょう。

私が夫から言われたのはお金に関して。お金の使い方ではなく借金に関する考え方です。

結婚してからのことですが、私は自分の生命保険に借り入れがあることを話しました。実は私が、それをたいした問題だと思っていなかったのですが（自分への借金なので）、借り入れをしっかり返すようにと厳しく言われました。手元にあったお金で全額返金しました。

手元にあるなら返せばよかったのですが、なぜか言われるまでやっていなかったんですよね。夫に厳しく言ってもらってよかったと今は思います。

そのおかげで（?）税金や年金や保険なども、請求が来たら即座に払う姿勢が身につきました（笑。当たり前すぎる話ですみません）。

強がらないってなんてラクチン！

甘えるのが苦手ですという人、いませんか？

私は第一子の長女ということもあり、ずっと甘える方法がわかりませんでしたし、今も常にできているわけではありません。

夫と付き合い始めた頃にも言われました。「甘えないね」と。そこで言っていたのは「いや～、甘え方がわからなくて」という言葉でした。そのうち私の性格がわかったようで、「この人はこういう感じなんだ」と甘ったるさがない女性として受け入れてくれたような気がします。

夫が「ともちゃんがそういう人ってわかったから」と言ってくれたので、精神的に楽になりました。やっぱり男性は甘えてほしい人が多いので、どうやったらそうできるのか本当にわからなくて悩んだこともあったのですが、できないものはできないんですよね（笑）。

自然に甘えられる人はいいのですが、私と同じように甘えることに抵抗がある人にはとっておきの台詞（せりふ）があります。

私が夫に言った言葉と同じですが、「甘え方がわからないんですよね♡」とうつむきながら言ってみてください♪　これは実は甘えてないと言えない言葉かもしれませんが、もしも「何で甘えないの？」などと言われたときに使えます！（笑）。

理想の人リストに「私の性格が好きな人」と入れておくのもいいですよね。二人の出会いがお互いにとって喜びを感じられること、二人が幸せであることは、本人だけでなく家族、親族、ご先祖様、そして私たちを育んでくれる地球や宇宙にとっても喜ばしく幸せなことですから、本当のあなたのままで愛し愛される相手と出会うことを、一切遠慮しないでくださいね。

ワタシ通信のススメ

こちら、受講生によく聞かれる質問です。

相手の既読スルーに落ち込む。

LINEやメールでどんなことを書いたらいいかわからない。

第5章の「一喜一憂グセにはこう対処する」も参考にしていただきたいですが、こう思う気持ちはとてもよくわかります。

すでにお付き合いしているとしても、まだお付き合いに発展していないとしても、彼と関係を築きたいのであれば（そうじゃないなら連絡はやめてください）、自分から連絡することも大事です。

マメな男性とお付き合いしていて、1日に何度も連絡が来るのであればこうした悩みは生まれませんよね（そういう人を望むなら、理想の人リストに「マメに連絡をくれる人」

と書きましょう♪」。

お付き合いしている場合、特に最初の頃は、1、2日に1回は連絡するといいと思います。そのとき、大事なのは彼から返事をもらうことでありません。

「彼から連絡が来ないから私も送らない」だと関係が盛り上がることはあまりなく、お互い仕事が忙しい場合は特に、自然消滅しがちです。

彼に連絡する理由は、「私は今日も元気だよ！　あなたを思っています♡　明日も頑張ってね♪」を伝えるためです。内容はどんなことでもよくて、頑張って書こうとする必要もないです。

マメじゃない男性は、返事の代わりに既読をつけるだけのことも多いですが、既読がつくのは読んだという証（あかし）で、〈愛〉ですよ。

お付き合いの前段階だけどその彼に好意を寄せている場合でも、連絡先を知る間柄であれば、自分からアクションを起こしたいですね。毎日ワタシ通信を送るというよりも、彼が好きそうなものを見つけたらＬＩＮＥするとか、どんなことでも彼と接点をもつ努力をしたほうがいいです。なぜなら、人は何度も見るものを良いと思うことがあるからです。

連絡をしてもあまりにも彼から反応がないならしばらく連絡しないのもアリですが、まったく連絡しないと確実に忘れられるので、何かしらのワタシ通信は必要でしょう。

残念ながらその彼と発展がなかったとしても（既読がつかないなど）、あなたが何かしらのアクションを起こしたことで、あなたの良縁にまつわる運が活発になり、今後新たな出会いが運ばれてくる可能性が高いです。

そうなったらまた理想の人リストを調整＆イメージングをして、本当に出会いたい相手に出会うと決めて、一歩踏み出しましょう（結局ココ）。

こうあってほしい、が重い女になる理由

「察してもらおうとするから重くなる」のところでも書いたことですが、これが原因でせっかく順調に進んでいた関係を台無しにしてしまう人がいかに多いことか！　というわけで、しつこいですがここでも重い女の回避方法を説明しますね！

お付き合いしている男性に「ワタシとの結婚生活は楽しそう♪」だと感じてもらうことで、あなたはプロポーズされるしサクサク結婚に進んでいきます。

男性は期待されることを喜びに感じる人は多いと思います。

プレッシャーを感じつつもやってやろうじゃないか！　やり遂げる自分を見てほしい！　こんなふうに、愛する女性から応援されると力が倍増します。

これは男性だけではなく人間ならみな同じだと思いますが、特に男性は、自分が愛する女性から「あなたなら大丈夫！　あなたはすごい！　あなたはできる人！」と言われ続け応援されると、本当に力が増し、素晴らしい結果や多大な成果を生み出します。

女性は、男性を心配するのではなく、信頼一辺倒でいいと思っています。

この人なら大丈夫、どんな困難でも乗り越えるだろう、だって私が選んだ人だし、〝この私〟を選んだ人だから。

そう、男性を信頼できる人は、自分の選択を信頼しています。

自分自身を信じているということです。

ここで、私は自分を信じていないからダメだ、と今まで通りの思考を取り入れないでください。

これまでお伝えしてきた〈親へのひっそり謝罪ワーク〉や〈自分への愛の言葉がけ〉を繰り返すうちに、あなたの中で気づかないうちに自分への信頼が積み重なっています。

たとえば、あなたにはこんな変化が起きていませんか？

- 自分が感じるどんなことも肯定的に受け止められるようになってきた
- ネガティブに落ち込む自分に気づけるようになり、ネガティブにどハマりしなくなった
- 自分のいい部分に気づけるようになってきた
- 自分が理想の人と結婚することにOKを出せるようになってきた
- 偽りの願い（ウソつきリスト）に気づけるようになった
- 自分の本当の願いをしっかり受け止めて、それを本気で望めるようになってきた

- ネガティブな人の言葉に流されすぎないようになってきた
- いやな人の誘いを断れるようになった
- 自分を傷つける相手から離れることを選択した
- 無理に人に合わせて嫌われないようにしようとしてきたことから自然に卒業できた

どれかひとつでも、そういえば最近の私、そうかも……と思えることがあれば、あなたは確実に自分との信頼関係を発展させてきています。

確実に、自分のことを以前よりも信じられるようになってきているということです。

自分の中にどっしりとした自分への信頼がたまった状態と、理想の人に出会うタイミングは同じかほとんどずれがありません。

（あなたに結婚する！という強い意図があり、結婚相手に出会ったら困る理由がない場合に限る）

これ、本当に見事にピッタリと合います。

自分の中で自分への信頼が積み重なり、自分を信じている人は、自分自身（自分の内側）から愛されているという目に見えない真実に気づいています。

それが、何もなくても私は幸せだと感じる土台です。

結婚していてもいなくても、まだ理想の男性に出会っていなかったとしても、私は愛されていて幸せだ、という感覚です。

自分自身から愛されているという感覚がなんとなくでもあると、自分の中に愛がたっぷりあるので、目の前の状況に一喜一憂しなくなるし、心に余裕が生まれます。

男性に対しても、こうでなければダメ！とか、認められない！と思う気持ちも薄れます。

結果に執着しなくなり、自分が望んだ結果でなかったとしても、すんなり受け止められるようになります。

そのうえで、自分がどうしたいかはわかっているので、修正すべき点を見直し改善して、本当に欲しいものを見極めて、望んだものを現実的に受け取ります。

自分の中に愛がたっぷりあるので、「あなたが私を幸せにしてよ！」「結婚相手なんだから、あなたが私を選んだんだから、あなたは私を喜ばせないといけないし、責任をもって幸せにすべきだし、約束も守るべきだ」という相手への「こうしてよ！　こうしてほしい」という重たい〈べきべき論〉がなくなります。

ここでようやく本題に入りますが（笑）、「私はあなたが私の望みどおりに動いてくれないと、不幸だ！」と言って泣いたり悲しんでいる女性と一緒にいる男性は、どう感じるでしょうか？という話です。

たとえば、過去の彼の失敗を持ちだしてネチネチ言うとしたら、その彼は、「結婚しても同じようなことでずっと責められそうだな」とイメージします。

「付き合うって言ったんだから私を幸せにしなさいよ！」

「プロポーズしたんだからあなたが私を喜ばせるのは当然でしょ！」

こんなふうにギャンギャン責める女性と結婚して男性は安らげるでしょうか。

こうした台詞は、口に出して言わなくても同じですよ。心でネチネチ思っていても、十分相手に伝わります。

男性をバカにしてはいけません。

〈こうあってほしい、こうあるべき〉は、自分を信頼していないからこそ生まれる感情です。自分を信頼していないのに、「私が正しい、あなたが間違っている」をやっているわけですから、矛盾が生じています。矛盾が生じていると何が起こるか、最初はうまくいってもそのうち破綻（はたん）するということです。

（もっとわかりやすく書くと、こうあってほしいって、こうして‼という命令とイコールなんですよね。

あなたにそんなつもりはないですよね⁉　知っています。

でも、結局そういうことなんだと思います。彼のことを上から見ているんですよね。ご両親の教育に対しても同じことで、こうしてほしかった＝なんでこうしないのよ！と命令している、上から目線ですよね。

あなたに思い当たる節があれば、ぜひ親に心で謝罪しましょう）

でも大丈夫です！　今からでも十分間に合います。相手を変えることはできませんが、自分の意識はすぐに修正できます。

〈親へのひっそり謝罪ワーク〉や〈自分へ愛の言葉がけをする〉ことから再度やっていきましょう。

すると、あなたはずっと自分の内側から愛されてきたことに気づけるだけでなく、必ず理想通りの男性から愛され選ばれます。

幸せになろうとしないのは怠慢

「理想通りの人に愛されて結婚する幸せ」を夢見つづけるばかりで、本当はそうなってしまうのが怖い。だから行動に起こさない。行動したら結婚できてしまうから。こう思っている人も意外に多い印象です。

これまで書いてきたようなマインド面の変化がない段階で行動しても、望みの現実化はむずかしいですが、マインドを整えただけでは白馬に乗った王子が現れないのも、前述の通りです。

かくいう私も、婚活ウツ後はまさにこの通りでした。

できれば何もしないで結婚相手に出会えないかな。

無理に動いてこれ以上傷つきたくない。

「だから天使、お願い！　白馬に乗った王子を私の元に！」って毎晩お願いしていたこともありますよ（笑）。

いやぁほんと、お恥ずかしい。そんなふうに浮ついたお願いをしていた間は、もちろん出会えませんでした。家と会社の往復だけの人生ですから、当然と言えば当然の話です。

宇宙も天使も、そんな私にどこで出会わせたらいいのか困りますよね。

私たちは、幸せを感じるためにこの世に生まれたわけですから、自分が幸せになることを遠慮することがどれくらい自分の魂に失礼なことか、いろんな本を読んでいるときにようやく気づきました。

さらに、私たちはプロセスを経て生まれるさまざまな感情を味わいたくて、わざわざ地球に生まれたんですよね。だから、何もせずにいきなり白馬に乗った王子に登場されても、本当のところはつまらないんですよ。

最愛の人に出会うために喜怒哀楽さまざまな感情を味わった上で、本当に自分が感じたい感情をもっと味わいたいと意図することが、この世に生きる人間の最上級の喜びです。

私が自分で自分を幸せにしないのは怠慢でしかない、と気づいたから自分に謝ったんですよね。それが第2章で書いたごめんねワークにつながりました。

あなたがもしこれを読んで、私も同じだ……と思ったのであれば、あなたは自分自身からとてつもなく応援されていますし、自分自身の声を受け取れています。

あなたは必ず愛し愛されて結婚できる人です。今、疲れているならまずはゆっくり休んで、マインドを見直して前に進みましょう。

言葉や態度で妄想浮遊する現実逃避

これまでたくさんの受講生とお会いしましたが、意外に多いのが同僚に恋している方。職場に好きな人がいるってすごくいいですよね♪

ただ、この場合は注意点がいくつかあります。このまま一方的な恋を続けたいのであれば問題ないのですが、あなたに結婚したい望みがある場合は要チェックです。

数年前にお会いした受講生の例を出させていただきます。

受講生「会社の同僚に、毎週二人きりで飲みに行く男性がいます。自分からだけでなく相手からも誘われます。私は彼が好きなんですけど」

私「飲みに誘うからといって好きとは限らないんだけど、彼から具体的に週末デートのお誘いとかありますか？」

受講生「そういうのはないですね。飲みに行くだけです」

私「その彼に、彼女がいるかどうか確認したことありますか？」

受講生「ないですけど、彼女がいたら二人きりで飲みに行かないですよね？」

私「そうとは限らないですね。男性によります。飲みに行ってもそれ以上の誘いがないなら、だれかほかにお付き合いしている人がいるかもしれないので、一度確認したほうがいいですよ」

結局この同僚には長年付き合っている彼女がいました。

こういう例はかなり多いです。

どんなに草食系に見えるおとなしい男性だとしても、本当に好きな女性には自分からアプローチします。

その場合、ストレートに「お付き合いしてください」という言葉ではないことがほとんどです。

今度二人でどこかに行きませんか？とか、あなたが好きなものをちょっとした会話で覚えていて、そこからデートに発展させたりとか。

好きなら必ず具体的な行動があります。

そういったアクションがない場合は、女性として好きというわけではないことのほうが多いので、ぜひ男性の真意を見るようにしてください。

そうしないと大事なあなたの時間がどんどん過ぎていくからです。

「片思いは甘い蜜(みつ)」だと私は思っています。

甘くておいしい蜜を味わえる妄想世界は、自分で決めないかぎりは抜けられません。そして妄想世界を浮遊する間に、現実世界の時間があっという間に過ぎ去っています。

不倫も同じですね。自分が見たいように相手の言葉や態度を見ていると、妄想世界を浮遊することになるので、目が覚めたときには数年経(た)っています。

男性を見るときに大事なのは、あなたに向けてどんな行動を起こしているのか。そこがすべてです。どんなにチャラく見える男性でも、逆に無口で何を考えているかわからない男性でも、あなたに起こす行動だけを見るようにしてください。

行動は、妄想ではありません。三次元に生きている人間にしかできませんので、それだけが信用に値します。

現実を見つめることは時に痛いですが、三次元を生きる私たちにとって、二次元の世界の住人ではなく、同じ現実にいる男性への片思いが時間の無駄とは思いません。ですが、発展的な関係を自分から築くつもりがないなら（相手から来ることはないので）、別の男性に目を向けることがあなたにとっていちばんの癒やしになりますよ！

時間稼ぎグセを手放そう

いざ自分の元に幸せが近づくと、受け取らない人がいます。そんなつもりがない人がほとんどだと思います。親との関係における罪悪感を解消したとしても、幸せを受け取るのを先延ばしにしてしまうクセが残っている人のことです。

幸せを後回しにしようとする理由は、幸せには限りがあると思ってるからではないでしょうか。人生で受け取れる幸せの量が決まっているような気がして、今受け取ってしまうとあとあと楽しみがなくなる！という考えを無意識でもっている人がいます。

だから、答えを出すのを渋ったり、行動を起こしたがらなかったり、マインドを見つめなかったりして、そしてダメな自分にダメ出しして時間稼ぎをするんですね。

そんな時間稼ぎグセも、やっぱり今日限りで卒業しましょう。

なぜなら、幸せに制限はないからです。幸せや喜びは、感じれば感じるほど増えます。経験が増えれば増えるほど、幸せを感じるポイントもどんどん増えるからです。

そして、幸せを感じる人のところにさらなる幸せが集まってきます。

愛と同じで、幸せや喜びはどんどん増えるものなんです。

あなたはどれだけ幸せになってもいいんです。

こんなにいいことが起こったら、次にはどんな悪いことが起こるんだろう……？と怖くなりますか？

だとしたら、あなたから見て幸せな人に注目してください。どうですか？　前よりも不幸そうですか？

幸せを受け取る許容量が増えると責任も増えますが、ストレス耐性も必要に応じて上がります。

現時点では想像ができない状態に発展しているので、今と同じ悩みはまったくなくなります。今ストレスに感じている「幸せを受け取ること」を乗り越えると、新しい世界が待っています。

それは、間違いなくあなたが望んでいる世界ですので、遠慮と時間稼ぎグセを捨てて、どんどん幸せやラッキーを受け取っていきましょう！

自分に感謝を伝えると細胞から喜ぶ

私は日課として、自分に対して何度となく「ありがとう」と感謝の言葉を伝えています。もちろん理由や根拠なんてまったくなく。

自分に感謝を伝え始めてから12年以上経ちます。自分への謝罪と同じくらいやっていますが、ネガティブな考えをもちにくい体質になった気がします。

理由なく自分に感謝するだけでなく、自分にまつわるいろんなことに感謝していま す。自分を生かしてくれている体や臓器、そして細胞に向けても感謝の気持ちを送ります。

本当は頭痛などでつらいときにも感謝できればいいのですが、そこまではできません。でも、痛みがあると、痛みがないことがどれくらい奇跡なのかに気づけますよね。

自分の体には、感謝してもし尽くせないと思っています。

人生でうまくいかないことが多いときほど、人は自分を無意識に責めています。それって自分を生かすために日々頑張ってくれている細胞に、この上なく失礼です。

だから、うまくいかないことがあるときほど、自分に感謝を伝えたいと思っています。ここは起きた現実にとらわれすぎているとできないことなので、頑張って努力するところです（笑）。

自分の内側に「ありがとう」と伝えたら、「こちらこそありがとう」という愛の言葉が内側から返ってきて号泣したことがありますが、ありがとうという気持ちを細胞に伝えることで、やっぱり同じように細胞も喜んでくれていることがわかります。なぜなら体がポカポカする（気がする）からです。きっと細胞や臓器が、感謝を受けて輝きを増しているんだと思います。

そういうことをイメージしたら楽しくないですか？　私は自分の体の中で起きていることを想像してニヤニヤする時間が大好きです（笑）。

どんどん幸せになるパートナーシップのつくり方

私は現在、結婚11年目ですが、正直な話、今がいちばん夫と仲良しです。毎日人生を共に生きて、お互いへの理解も深まり、ぶつかることがあればその都度話し合うので、出会った頃より仲良くなるのは当然のことかもしれません。

「どうせ結婚して何年も経ったら新鮮さもなくなり、お互いへの思いやりも消え、会話もなくなるんでしょ。子どもがいなかったらどうやって老後の人生を送ればいいのかな……」

こんな想像をしてネガティブな気分になっていませんか？

世間で描かれる結婚を見て、長い時間が経つと夫婦仲も冷める、そう思わざるを得なかったかもしれません。

もしも関係がうまくいかなくなれば離婚の選択肢だってあります。

でも、実は結婚生活や夫婦仲は、お互いの努力でどうとでもなります。

いいえ、お互いでなくても、あなたの、自分自身と夫への向き合い方だけでなんとでもなります。

なんで私だけ⁉と思わないでください（笑）。

自分次第で夫婦仲が良くなるなら楽勝だと思いませんか？

どんどん幸せになるパートナーシップ 3つの法則

最優先は自分を幸せにすること

なんといっても、これまでお伝えしてきた自分への感謝と謝罪、これがいちばんの自分を幸せにする術です。自分は自分のいちばんのヒーラーなんです。そして、あなたが癒やされていれば、あなたの夫は勝手に癒やされます。

自分に感謝と謝罪をすることで、自分を愛し自分を癒やしている人は、無理をしないし、できないことはできないと言えるようになります。やったことがなければ少しずつ練習しましょう。何でも完璧にやろうとしないでくださいね。できないことがあってもいいし、ダメな自分をあなたが認めているから、あなたは夫に愛されるんです。

もちろん自分に好きなものや好きな時間を与えることも大事ですので、自分への感謝と謝罪をした上で、ぜひやってください。

察してちゃんの封印

これまでにも書きましたが、言わなくてもわかるのは女性同士だけです。察してよという念力を送っても時間とエネルギーの無駄ですので、言いたいことがあるなら伝えましょう。

一度で伝わらないなら伝わるまで伝えること、そして同時に相手の言葉も聞くことで、仲が深まります。

女性は自分が傷つくことを恐れますが、男性だって同じです。傷つきたくないと思っています。

ただ話を聞いてほしいときは最初にそう伝えてからにしましょう。そうしないと、男性はアドバイスをくれます。それが男性の才能だからです。アドバイスはいらないなら最初に「話だけ聞いてうなずいて」と言いましょう。

共感だけで会話を終えられるのは女性（とごく一部の男性）だけです。

見返り要求の封印

男性は、ニコニコかわいくお願いした家事などは、どんなことでもやってくれます。本来、すべての男性が優しいです。

ですが、ニコニコかわいくお願いしないと通用しません。

これは個人的な意見ですが、「男性を教育する」という言葉にずっと違和感があります。なんとなく教育だと男性を下に見ている感じで好きじゃないんですよね。家事ができるように教育するというのもさげまん的な言い方でキライです。余談、以上(笑)。

そして、やってくれたどんな些細なことでも毎回必ずありがとうと伝えること、これが大事です。

食器を洗ってくれてありがとう、窓をきれいにしてくれてありがとう、ゴミを捨ててくれてありがとう、などなど。

やってくれたことに対して注文をつけたい場合は、精いっぱい感謝を伝えてから「さらにこうしてくれたらもっとうれしい♡」と伝えます。

（自分と同じやり方をしてほしいと望む気持ちもわかりますが、人それぞれのやりたいやり方があるので、お願いしたら全部お任せした方がストレスはたまらず自分のためです）

「仕事をいつも頑張ってくれてありがとう」は常に伝えます。

仕事を頑張ってくれることは当たり前のことではないですから。

そして、やってもらったことに感謝を伝えたら、それ以上のことは要求しません。

またやってほしいことが出てきたら、その都度伝える。その単純さが結婚生活をより良いものにするという実感があります。


見返りを求めて何かをしても、あなたが期待するものは返ってきません。それが察してちゃんだということに気づきましょう。

この3つだけでどんどん結婚生活は楽しくなり、夫からもどんどん感謝され、愛され続けます。

〈結婚とは、愛するパートナーとずっとずっと楽しく愛ある生活を共に送ること〉と先に決めてしまうといいよ！ということも付け加えておきます♪

おわりに

あなたが理想の人に選ばれる理由

本書を最後までお読みくださってありがとうございました!

出版企画書に書くタイトルを『結局、理想を下げない女が選ばれる』にしよう!と決めたとき、これを37歳頃の私自身が読んだら、鬱々(うつうつ)とした気分も晴れるだろうなぁ、過去の経験は自分の人生において、あるべくしてあるんだなぁと思いました。

本書で書いてきたことは、全部自分や受講生が経験してきたことで、数多くの受講生が実践し、実際に理想通りの人と出会って結婚しています。

受講生とのやりとりのおかげでメソッドが完成しているので、お話ししたすべての方に感謝の気持ちでいっぱいです。本当にありがとうございます。

この本を手に取ってくださったあなたは、人生で遅かれ早かれどこかでやる必要のある〈自分に感謝と謝罪をする〉をやりたかったのではないかと勝手に思っています。今、婚活につまずいていたから本書が目に入り、このタイミングで〈自分に感謝と謝罪をする〉という選択肢を見つけられた。

自分への感謝と謝罪が土台にあると、本当の願いを叶えるパワーが湧いてます。そして、これまでの経験のすべてが自分に必要だったと気づくことができます。

あなたの本当の願いがわかると、真の理想の人に気づけます。

そしてその相手は、必ずあなたを選びます。

あなたの本当の願いは、今回の人生計画に入っていて、最初から叶うと決まっているものだからです。

あなたがあなたそのものを受け入れ、愛し、感謝し、謝罪することで、婚活疲れが癒やされます。

あなたが新しい出会いに一歩踏み出す勇気をもてますように。心から願っています。

伊藤友美

[著者プロフィール]

伊藤友美　Tomomi Ito

アラフォー・アラフィフ専門婚活カウンセラー。

1970年生まれ、東京在住。

39歳当時、ネット婚活登録10日で長年求め続けてきた理想通りの男性と出会い2か月でプロポーズ、40歳で結婚。昨年結婚10周年を迎えた。

約9年間の婚活中には、条件を下げたり、妥協を重ねることで、「婚活ウツ」を発症。婚活から離れ、さまざまな書籍を読み、心理や精神世界について研究。"妥協"という一見すると聞き分けのいい言葉が、自分自身、そして相手を見下げる行為であることに気づく。また、自分が幸せになることを拒む心理構造についても気づきを深め、自分で自分を幸せにしたいと思えるようになるワークや自分が幸せになることを許可するワークを生み出し、実践。39歳から再開した婚活で、スピード婚を果たす。

自身の経験を通じて構築した〈最短最速で理想どおりの男性と結婚する方法〉を伝える「3ヶ月で全員婚活卒業！婚活塾」は全国から参加の受講生で毎回即満席。5年間の活動でのべ1000名の婚活女性が講座・セミナーに参加。受講生の成婚年齢は40代が一番多く、平均42歳。50代の成婚者も少なくない。

〈アラフォーからの♡最強愛されコミュニケーション術〉
https://ameblo.jp/luluspaces

ブックデザイン／岩永香穂（MOAI）
DTP ／山口良二

結局、理想を下げない女が選ばれる

2021年2月5日　初版発行

著　者　伊藤友美
発行者　太田　宏
発行所　フォレスト出版株式会社
〒162-0824　東京都新宿区揚場町2-18　白宝ビル5F
電話　03-5229-5750（営業）
03-5229-5757（編集）
URL　http://www.forestpub.co.jp
印刷・製本　中央精版印刷株式会社

ISBN978-4-86680-119-3　Printed in Japan

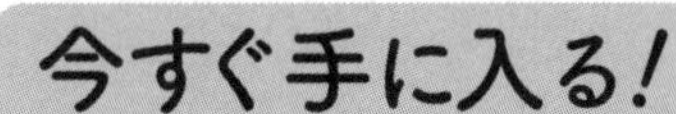

結局、理想を下げない女（ひと）が選ばれる

読者無料プレゼント

未公開原稿を特別に公開します！

本書で理想の人と出会って結ばれるためのマインドづくりをしたら、ぜひ知ってほしい実践的ノウハウがあります。

ネット婚活が主流になった昨今、ネット婚活で成功するためのプロフィール写真の撮り方、ネットでマッチングしてからのやり取りや実際に会うまででありがちなことや注意点を本書の著者・伊藤友美氏がまとめました。

ぜひ、あなたの婚活に活かしてください！

この無料プレゼントを入手するには
コチラへアクセスしてください
http://frstp.jp/riso

※特典は、ウェブサイト上で公開するものであり、
冊子やCD・DVDなどをお送りするものではありません。
※上記無料プレゼントのご提供は予告なく終了となる場合がございます。
あらかじめご了承ください。